신혼부부를 위하여

Copyright ⓒ 2015 by John Drescher
Originally published as *Meditations for the Newly Married*
by Herald Press, 100 Mason Street, Suite B, Harrisonburg, VA 22801 USA
Korean translation copyright ⓒ 2019 by Abba Book House, Seoul, Korea
All rights reserved

This Korean edition is published by arrangement with Herald Press.

이 책의 한국어판 저작권은 Herald Press와 독점 계약을 맺은 아바서원에 있습니다.
신 저작권법에 의해 한국 내에서 보호를 받는 저작물이므로 무단전재와 복제를 금합니다.

신혼부부를 위하여

초판 1쇄 인쇄 2020년 1월 17일
초판 1쇄 발행 2020년 1월 24일

지은이 존 드레셔
옮긴이 홍병룡
펴낸이 홍병룡
만든이 최규식 · 정선숙 · 김태희

펴낸곳 협동조합 아바서원
등록 제 274251-0007344
주소 서울시 영등포구 도림로139길 8-1 3층
전화 02-388-7944 **팩스** 02-389-7944
이메일 abbabooks@hanmail.net

ⓒ 협동조합 아바서원, 2020

ISBN 979-11-85066-99-8 03230

잘못 만들어진 책은 구입한 곳에서 교환해 드립니다.

ABBA
GIFT BOOK
SERIES 4

신혼부부를 위하여

존 드레서 지음

아바서원

*성경인용은 주로 「새번역」에서 했고 다른 번역본은 괄호 속에 표기했다.

"하나님이 주신 선물, 사랑하는 아내에게"

차
례

서문 · 8

하나님의 패턴을 따르다

제1일: 하나님의 선물 · 12
제2일: 결혼은 기적이다 · 16
제3일: 한평생의 사랑 · 20
제4일: 남편이여, 아내를 사랑하라 · 24
제5일: 아내여, 남편을 존경하라 · 28
제6일: 결혼의 삼각구도 · 34
제7일: 섹스는 신성하다-태도 · 38
제8일: 섹스는 신성하다-행위 · 42
제9일: 출산의 파트너 · 46
제10일: 영구적인 사랑 · 50

기독교의 덕목을 입다

제11일: 사랑이란? · 56
제12일: 네 종류의 사랑 · 62
제13일: 사랑은 식물이다 · 72
제14일: 사랑은 양육이 필요하다 · 78
제15일: 예의를 지키라 · 82
제16일: 사소한 일 · 88
제17일: 용납의 기술 · 92
제18일: 배려하는 동반자 · 96
제19일: 서로 적응하라 · 100
제20일: 용서하고 잊어라 · 104

훌륭한 목적에 헌신하다

제21일: 꿈과 현실 사이에서 · 110
제22일: 차이점을 다루는 법 · 114
제23일: 문제는 진보의 어머니다 · 118
제24일: 함께하는 기쁨 · 122
제25일: 로맨스와 친척 · 126
제26일: 재정 문제 · 130
제27일: 충실한 청지기 · 134
제28일: 끊임없는 의사소통 · 140
제29일: 일곱 가지 지침 · 144
제30일: 예배와 지혜 · 148

서문

성경의 가르침과 인간 경험으로 엮은 이 묵상집은 결혼관계에 대한 것이다.

오늘날은 과거 어느 때보다 더 결혼의 영적 원천으로 되돌아가도록 격려하는 분위기다. 여기서 독자가 그런 원천을 찾게 되기를 바란다.

이 묵상들은 결혼관계의 어려움과 로맨스를 모두 다루고 있다. 독자가 이 글을 통해 어려운 날을 통과할 힘을 얻을뿐더러 더욱 성숙하고 큰 사랑으로 이끌어줄 그런 통찰도 얻게 되기를 바라는 마음이다.

이 책의 일차 독자층은 갓 결혼한 부부와 결혼을 앞둔 예비부부이다. 하지만 결혼한 지 몇 년이 지난 이들도 이 글에서 도움을 얻을 수 있을 것이다.

결혼생활에 진입하는 이들은 모두 꿈을 갖고 있다. 이 묵상집은 그들의 꿈이 성취되고 하나님이 예비하신 큰 현실이 이뤄지는 것을 돕고 싶은 심정에서 집필되었다.

이 책자는 오랜 기간에 걸친 결혼과 가정에 관한 많은 글과 다수의 강연에서 추출된 엑기스라 할 수 있다. 나는 또한 결혼 전후의 커플들을 상담하고 가정에 관한 수많은 강의를 할 수 있는 특권을 누리기도 했다. 여기서 나눈 모든 아이디어와 생각의 출처를 다 밝히는 일은 불가능하다. 하지만 가능한 곳에서는 그렇게 했다.

성경과 묵상, 팔복과 기도에서 뽑은 이 메시지들이 신혼 시절뿐만 아니라 이후에도 부부들에게 영감을 주기를 기도하는 바이다.

존 드레셔

하나님의 패턴을 따르다

하나님의 선물

창세기 2:18-24를 읽으라.

주 하나님이 말씀하셨다. "남자가 혼자 있는 것이 좋지 않으니, 그를 돕는 사람, 곧 그에게 알맞은 짝을 만들어 주겠다." 주 하나님이 들의 모든 짐승과 공중의 모든 새를 흙으로 빚어서 만드시고, 그 사람에게로 이끌고 오셔서, 그 사람이 그것들을 무엇이라고 하는지를 보셨다. 그 사람이 살아 있는 동물 하나하나를 이르는 것이 그대로 동물들의 이름이 되었다. 그 사람이 모든 집짐승과 공중의 새와 들의 모든 짐승에게 이름을 붙여 주었다. 그러나 그 남자를 돕는 사람 곧 그의 짝이 없었다. 그래서 주 하나님이 그 남자를 깊이 잠들게 하셨다. 그가 잠든 사이에, 주 하나님이 그 남자의 갈빗대 하나를 뽑고, 그 자리는 살로 메우셨다. 주 하나님이 남자에게서 뽑아 낸 갈빗대로 여자를 만드시고, 여자를 남자에게로 데리고 오셨다. 그 때에 그 남자가 말하였다. "이제야 나타났구나, 이 사람! 뼈도 나의 뼈, 살도 나의 살, 남자에게서 나왔으니 여자라고 부를 것이다." 그러므로 남자는 아버지와 어머니를 떠나, 아내와 결합하여 한 몸을 이루는 것이다.

Meditations for the Newly Married

> 주 하나님이 말씀하셨다. "남자가 혼자 있는 것이 좋지 않으니, 그를 돕는 사람, 곧 그에게 알맞은 짝을 만들어 주겠다." 주 하나님이…여자를 만드시고, 여자를 남자에게로 데리고 오셨다. —창세기 2:18, 22

세계가 아름다운 옷을 입고 막 태동했을 때 하나님은 그 원초적인 낙원의 땅에 첫 가족을 배치하셨다. 그분은 신부를 신랑에게 데려오신 후 친히 결혼식을 거행하시고 축복의 말씀을 선포하셨다. 여자는 남자에게 준 하나님의 선물이다. 남자는 여자에게 준 하나님의 선물이다.

모든 결혼은 하나같이 새 날의 새벽과 같다. 기쁨과 기대감, 그리고 약간의 두려움과 함께 시작된다. 결혼생활은 과연 당신이 바랐던 그 모습일까? 사랑은 결혼식장에 드러난 만큼 큰 규모를 유지할까? 사랑하는 배우자가 항상 신혼초기 그 아름다운 면모를 지닐까? 이런 의문들은 모든 신혼 가정 위에 맴돌곤 한다.

이날은 그대들의 날이다. 그대들이 고대했던 날이다. 그대들이 계획했던 날이다. 참된 친구는 누구나 그대들이 잘 되길 바란다.

이제 결혼식은 끝났다. 결혼생활이 시작된 것이다. 한 순간에 마법처럼 모든 것이 변한다. 이제 그대들은 전혀 새로운 삶을 친밀하게 영위하게 된다.

어느 의미에서 이전의 관계는 인위적이었다. 이제까지는 그대들이 호의적인 환경에서 만났다. 서로를 만나기 위해 준비되는 과정이었다. 이제부터는 인위적일 수 없다. 너무나 가깝게 살기 때문이다. 그대들은 늘 함께 있을 것이다. 형편이 좋든 나쁘든, 준비가 됐든 안 됐든, 편안하든 피곤하든, 햇빛이 비치든 바람이 불든, 기쁘든 실망하든, 항상 함께하리라. 그대들은 더 이상 예전처럼 보고 느끼고 행동하고 이해하거나 기도하지 않을 것이다. 이제는 공유하는 삶이다.

그대들은 행복한 결혼관계를 손상시킬 것은 일체 배제시키겠다고 다짐한다. 결혼은 많은 것을 배가시킨다. 그대들이 노력을 기울이기만 하면 인생이 두 배나 만족스러워진다. 물론 연인들이 서로를 행복하게 하려고 노력하지 않으면 오히려 슬픔과 두통과 고통을 배가시킬 수도 있다.

삶의 깊은 차원을 공유하는 일은 저절로 일어나지 않는다. 계획과 목적, 지속적인 경계가 필요하다. 주저하지 말고 항상 최선을 다하라.

이제 인생은 그대들을 탐색의 길로 부른다;
웃고, 사랑하고, 일하고, 놀고,
섬기고, 희생하고, 기도하라고.
인생은 부른다– 최선을 다하라고. (무명씨)

이렇게 하려면 겸손과 정직, 그리고 상호도움이 필요하다. 그대들이 서로, 그리고 하나님과 공유하는 힘과 위안으로 삶을 영위하게 되리라.

결혼식은 결혼이 하나님의 영광스러운 제도임을 그대들에게 상기시켜주었다. "사랑하는 여러분, 우리는 오늘 하나님과 증인들 앞에서

Meditations for the Newly Married

하나님이 제정하신 영예로운 제도인 거룩한 혼인식으로 이 남자와 이 여자를 함께 묶어주기 위해 여기에 모였습니다." 결혼식은 하늘에 계신 아버지의 사랑스런 손길이 그대들에게 좋은 것을 베푸신다는 것을 상기시켜준다. 하나님은 또한 그대들을 온갖 가능성이 즐비한 낙원에 두기도 한다. 이런 가능성은 오늘 그대들에게 열려있고 앞으로도 항상 그럴 것이다.

그러나 그대들은 결혼식장에 그냥 남지 않았다. 하나님도 그대들을 거기에 두시지 않는다. 어느 의미에서 그대들은 미지의 바다를 향해 출범했다. 하지만 지도가 있다. 별들도 여전히 빛을 비춘다. 하늘과 땅도 돕겠다고 나선다. 그리고 하나님은 인도의 손길을 약속하신다.

에덴에 숨을 불어넣은 그 목소리,
맨 처음 결혼식을 올린 그날,
최초의 결혼에 임한 그 축복
아직 사라지지 않았네. (존 케블)

—— 모든 완전한 선물을 주시는 분이여, 새벽이 동틀 때마다 사랑하는 배우자, 당신이 주신 선물에게 신선한 감사의 마음이 터질 듯 충만하게 하소서. 정오가 될 때마다 나를 밀어주는 사랑하는 이의 손길을 고요히 의식하게 하소서. 저녁이 될 때마다 하나님의 기쁨을 느끼고 하루가 끝나는 순간마다 하나님이 서로를 위해 우리를 만드셨음을 알고 평안을 누리게 하소서. 하나님이 짝지어 주신 것을 사람이 갈라놓지 못하게 하소서. 아멘.

결혼은 기적이다

마가복음 10:6-9를 읽으라.

> 그러나 하나님께서는 창조 때로부터 '사람을 남자와 여자로 만드셨다.' '그러므로 남자는 부모를 떠나서, [자기 아내와 합하여] 둘이 한 몸이 된다.' 따라서, 그들은 이제 둘이 아니라, 한 몸이다. 그러므로 하나님이 짝지어 주신 것을, 사람이 갈라놓아서는 안 된다

옛적의 전설을 들어보라. "본래 남자와 여자는 하나였다. 그런데 역사가 흐르면서 그들은 절반으로 쪼개져 분리되고 말았다. 그때부터 지금까지 각자는 다시 연합되기 위해 잃은 짝을 찾고 있다."

오랜 랍비의 저술은 이런 식으로 말한다. "남자는 자기 옆구리에서 뽑힌 갈빗대를 그리워하는 동안 안절부절 못하고, 여자는 자기 출처인 그 남자의 팔에 안길 때까지 안절부절 못한다."

옛적의 신화와 랍비의 말은 참으로 옳다. 어떤 이들은 여자가 남자의 갈빗대로 만들어졌다는 이야기를 들으면 미소를 머금을 테다. 하지만 적어도 남편과 아내가 서로를 존중해야 함을 보여주는 큰 상징이라 할 수 있다.

Meditations for the Newly Married

그들은 이제 둘이 아니라 한 몸이다. —마태복음 19:6

두 사람이 결혼하면 하나가 된다. 그런데 어느 쪽으로? 어느 쪽도 아니다. 결혼은 둘을 섞어놓고 함께 묶어준다. 한 쪽이 다른 쪽의 존재가 되는 것이다.

결혼은 수학적인 기적이다. 결혼에서는 하나 더하기 하나가 둘이 되지 않는다. 한 여자에다 한 남자를 더하면 여전히 하나라고 하나님이 말씀하시기 때문이다.

그대들은 결혼 파트너로서 그토록 친밀하고 진정한 방식으로 합쳐져서 명실공히 "한 몸"으로 불릴 수 있다. 하나님은 결혼의 합일을 묘사하기 위해 그처럼 강한 언어를 사용하신다. 이는 결혼한 후 남편이나 아내의 인간성 중에 영향을 받지 않는 부분이 없다는 뜻이다. 신비롭고도 장엄한 몸과 영의 융합이 일어나는 것이다. 지상의 어떤 관계도 결혼관계 만큼 가깝지 않고 또 그만큼 상대방에게 능력과 존귀를 더해주지 않는다.

엄마 뱃속의 따스한 곳에 잠시 머무는 자녀조차 결국은 영원히 분리되어 별개의 존재가 된다. 반면에 결혼하는 순간부터 남편과 아내는 하나가 되는 방향으로 움직인다.

이 하나됨은 하나님이 남편과 아내가 동일하게 되도록 설계하셨다는 뜻이 아니다. 문자적으로 보면, 하나님이 창조하신 "파트너"는 "완성시키는 자, 다른 한 쪽, 어울리는 자"라는 뜻이다. 결혼 파트너는 다른 쪽의 빈 곳을 채워주는 존재이다.

그렇다고 항상 더없이 행복한 눈길로 서로를 쳐다본다는 뜻은 아니다. 그대는 그대가 이미 가진 것으로 완성될 수 없다. 결혼생활의 시작보다 더 아름다운 것이 하나 있다면 영혼과 영의 하나됨이 점차 자라서 그 속으로 그 시작이 빠져버리는 순간이다.

남편과 아내가 상대방으로 인해 풍성한 하나가 될 때는 완성된 느낌과 함께하는 기쁨이 따라온다. 서로 경쟁하는 것이 아니라 서로를 보완해줄 때 그런 일이 생긴다.

그러나 진정한 의미에서 그대들은 이제 둘이 아니라 하나이다. 홀로 인생을 직면할 필요가 다시는 없다. 그대를 사랑하고 어느 누구보다 더 그대를 잘 아는 파트너와 함께 모든 생각과 모든 행동을 나눌 수 있다. 슬픔과 아픔, 실패와 성공, 그리고 야망 역시 홀로 간직할 필요가 없다. 무슨 실패나 행운이 발생하든지 서로 의지할 대상이 있는 것이다.

결혼을 할 때 그대는 사생활의 특권을 내어놓는다. 결혼은 마음과 몸의 베일을 서로에게 벗어주는 것이다. 이는 모든 면에서 신뢰하고 용납하는 행동이다. 그렇지 않으면 결혼의 완전한 뜻이 실현될 수 없다.

이제부터 그대들은 서로에게 속한다. 그대들은 그대 자신을 받아들이듯 서로를 받아들인다. 프라이버시와 가면을 치워버린다. 그대들이 서로를 포옹하며 눈을 응시할 때는 "그대는 내 것, 모두 내 것이요",

Meditations for the Newly Married

"나는 그대의 것, 모두 그대의 것이요"라고 말하고 있는 것이다.

───── 아 하나님, 놀라운 일을 행하는 분이여, 우리는 내일을 볼 수 없어도 당신의 인도하심을 믿을 수 있습니다. 우리는 결혼의 신비를 이해할 수 없어도 더 큰 지식을 얻기 위해 당신께 나아갈 수 있습니다. 우리는 날마다 편안할 것을 바랄 수는 없어도 무슨 일이 생기든지 감당할 능력을 달라고 간구할 수 있습니다. 이런 특권을 주셔서 주님을 찬양합니다. 아멘.

결혼으로 결합된 후에 똑같은 책임과 의무의 짐을 짊어진 채⋯똑같은 운하로, 똑같은 방향으로 흐를 것은 두 마음의 융합-두 인생의 연합-이요 두 지류의 합류이다.

-피터 마샬

이 시간부터 여름 장미
더 달콤한 향내로 우릴 매혹하네.
이 시간부터 겨울 눈
더 가볍게 내려 우릴 해치네.
날씨가 좋든 나쁘든 -땅이나 바다에서-
바람이 불든 잔잔하든
가장 좋을 때와 가장 나쁠 때
우리는 항상 함께하리.

-윈스롭 맥워스 프레드

제3일

한평생의 사랑

마태복음 19:4-9와 로마서 7:2를 읽으라.

예수께서 대답하셨다. "사람을 창조하신 분이 처음부터 그들을 남자와 여자로 지으셨다는 것과, 그리고 그가 말씀하시기를 '그러므로 남자는 아버지와 어머니를 떠나서, 자기 아내와 합하여서 둘이 한 몸이 될 것이다' 하신 것을, 너희는 아직 읽어보지 못하였느냐? 그러므로 그들은 이제 둘이 아니라 한 몸이다. 하나님이 짝지어 주신 것을 사람이 갈라놓아서는 안 된다." 그들이 예수께 말하였다. "그러면, 어찌하여 모세는, 이혼 증서를 써 주고 아내를 버리라고 명령하였습니까?" 예수께서 대답하셨다. "모세는 너희의 마음이 완악하기 때문에 아내를 버리는 것을 허락하여 준 것이지, 본래부터 그랬던 것은 아니다. 내가 너희에게 말한다. 음행한 까닭이 아닌데도 아내를 버리고 다른 여자에게 장가드는 사람은, 누구나 간음하는 것이다"(마 19:4-9).

결혼한 여자는, 그 남편이 살아 있는 동안에는 법으로 남편에게 매여 있으나, 남편이 죽으면 남편의 법에서 풀려납니다(롬 7:2).

Meditations for the Newly Married

> 그러므로 하나님이 짝지어 주신 것을, 사람이 갈라놓아서는 안 된다.
> —마가복음 10:9

　신약성경을 읽어보면 결혼은 한평생의 약속임이 분명하다. 결혼 서약을 진지하게 여기고 행복과 인도를 바라며 하나님을 바라보는 부부는 평생 동안 결혼한 것으로 생각한다. 이런 부부는 서로를 버리고 떠나지 않을 것이다. 그런 생각을 좀먹는 것은 무엇이든 죄악된 것이다.

　한 현인이 모든 부부가 곰곰이 생각해야 할 글을 썼다. "인류가 축적한 경험에 따르면 사랑의 경력을 쌓기 시작하는 젊은 부부에게 이렇게 말하는 것이 정당하다. '이제는 함께 붙어있으라. 불빛이 꺼진 것 같아도 함께 붙어있고, 길이 어둡고 지루해도 함께 붙어있으라. 상처가 나더라도 함께 붙어있으라.'"

　이따금 폭풍우가 친다고 우리는 배를 포기하지 않는다. 잘 적응한 부부는 황홀한 순간과 실망의 순간을 모두 인정할 터인데, 결혼생활은 기대와 위험 둘 다로 가득하기 때문이다. 다이아몬드는 엄청난 압력 아래 수많은 세월 동안 똑같은 곳에서 다함께 붙어있던 한 조각의 석탄에 불과하다. 행복한 결혼생활은 가장 순탄한 생활이 아니라 각 파트너가 압력을 받을 때 사랑을 실천하는 법을 배운 생활이다.

　상황이 때때로 힘들다고 결혼관계가 파멸이 이르는 것은 아니다. 젊은 부부가 낭만과 매혹의 분위기에 빠져 있을 때는 최초의 부부싸움이 결혼관계를 망가뜨렸다고 생각한다. 그와 반대로, 그런 싸움은 수고와 눈물과 대화로 이룰 연합의 첫 단추가 될 수 있다.

사람들이 어떻게 생각하든지 간에, 성경은 결혼이 두 파트너가 살아있는 동안 지속된다고 명백히 말한다. 하나님은 결혼의 합일이 항구적임을 너무도 강하게 표현하고 또 그 관계를 존귀하게 여기시기 때문에 그것은 그리스도와 교회 간의 합일에 비유되고 있다.

결혼 서약은 죽음이 둘을 갈라놓을 때까지 사랑하고 존경하고 흠모하겠다는 약속을 포함한다. 우리는 결혼의 영구성에 설득되어 결혼관계에 들어간다. 이 영구성이 없다면, 작은 어려움만 있어도 우리는 쉽게 헤어지고 말 것이다. 어떤 이들은 결혼생활이 원만하지 않으면 결혼을 해소시키려는 생각을 품고 신혼생활을 시작한다. 그러나 이런 생각은 처음부터 결혼생활을 삐걱거리게 만든다. 한평생 함께하겠다는 헌신, 무조건적인 진정한 언약이 없기 때문이다.

> 두 인간 영혼에게 이보다 더 큰 일이 있을까--
> 한평생의 단짝을 만났다고 느끼는 것
> 모든 노동에서 서로 힘을 실어주는 것
> 모든 슬픔 중에 서로 의지하는 것
> 모든 고통 가운데 서로 보살피는 것
> 마지막 이별의 순간에
> 말할 수 없는 추억에 젖어 서로 하나가 되는 것보다. (조지 엘리옷)

하나님이 만드신 결혼의 청사진은 명명백백하다. 우리가 그 청사진

Meditations for the Newly Married

에 따라 쌓을 수 있을지 여부는 우리 자신에게, 그리고 위대한 건축가인 하나님과 우리의 관계에 달려있다.

누군가 이런 지혜의 말을 나눈 적이 있다. "도무지 실패할 수 없었던 결혼은 존재한 적이 없고, 도무지 성공할 수 없었던 결혼도 존재한 적이 없다." 불협화음의 요소들은 항상 가정에 존재한다. 그러나 하나님을 향한 사랑과 서로를 향한 사랑이 변함없이 강한 이들에게는, 어떤 질병도 사랑의 힘을 약화시킬 수 없고, 어떤 불행도 사랑의 토대를 흔들 수 없고, 어떤 역경도 사랑의 정신을 꺾을 수 없고, 어떤 분리도 사랑의 한결같음과 성실함을 감소시킬 수 없다.

——— 아 하나님이여, 우리가 범한 과거의 실패보다 미래의 가능성에 더 관심을 품으셔서 감사합니다. 과거의 잘못과 실패로 인해 드리워진 영혼의 그늘을 걷어주소서. 미래에 대한 불필요한 염려나 두려움에서 우리를 건져주소서. 날씨에 따라 변치 않는 영혼의 화창함과 폭풍에도 흔들리지 않는 영혼의 평온함을 허락하소서. 그리스도 안에서 우리로 쾌활함과 선한 용기를 품게 하셔서 서로 삶을 사랑하고 싸움을 이기도록 격려하게 하소서. 아멘

제4일

남편이여, 아내를 사랑하라

누군가 초등학생들에게 "너희 집에서 보스가 누구니?"하고 물은 적이 있다. 절대 다수가 엄마라고 대답했고 소수만 아빠라고 말했다. 한 소년은 잘 모르겠다는 반응을 보였다. "나는 우리 가정에서 누가 보스인지 모르겠어요. 엄마와 아빠가 그 문제로 여전히 말다툼을 하고 있거든요"라고 썼다.

사도 바울은 기혼 남자가 아니었을 것 같은데도 남편이 아내에게 품어야 할 사랑에 관해 견실한 충고를 주었다. 한 단락(에베소서 5:25-31)에서는 남편들에게 심오한 지시를 한다. 거기서 "군림하는 관계"가 아니라 "사랑의 관계"를 언급한다.

 1. 자기를 희생할 정도로 사랑하라. "남편 된 이 여러분, 아내를 사랑하기를 그리스도께서 교회를 사랑하셔서 교회를 위하여 자신을 내주심 같이 하십시오." 이는 섬기는 사랑, 내주는 사랑, 이타적인 사랑, 희생적인 사랑을 말한다. 사랑을 주고 또 받는 남자에게는 너무 힘겨운 일이 없고, 너무 큰 희생도 없고, 너무 버거운 개입도 없다. 어떤 아내가 죽었을 때, 누군가 남편이 아내를 너무 사랑해서 하나님의 심판을 받은 것이라고 말했다. 또 한 사람은 "있을 수 없는 일일세. 우리가

남편이 된 이 여러분, 이와 같이 여러분도 아내가 여성으로서 자기보다 연약한 그릇임을 이해하고 함께 살아야 합니다…그리해야 여러분의 기도가 막히지 않을 것입니다. 마지막으로 말합니다. 여러분은 모두 한 마음을 품으며, 서로 동정하며, 서로 사랑하며, 자비로우며, 겸손하십시오. -베드로전서 3:7-8

자기 교회를 향한 그리스도의 사랑을 측량할 수 있겠소?"라고 대꾸했다. 남편이 지닌 일차적 욕구는 인정받는 것이고, 아내의 일차적 욕구는 애정을 받는 것이다. 그리고 남편은 아내에게 헌신하다 스스로를 잊어버림으로써 그의 사랑을 증명한다.

2. <u>삶을 정결케 할 정도로 사랑하라.</u> "남편 된 이 여러분, 아내를 사랑하기를 그리스도께서 교회를 사랑하셔서 교회를 위하여 자신을 내주심 같이 하십시오. 그리스도께서 그렇게 하신 것은, 교회를 물로 씻고, 말씀으로 깨끗하게 하여서, 거룩하게 하시려는 것이며, 티나 주름이나 또 그와 같은 것들이 없이, 아름다운 모습으로 교회를 자기 앞에 내세우시려는 것이며, 교회를 거룩하고 흠이 없게 하시려는 것입니다."

아내가 남편의 사랑을 확신하고 그 사랑을 완전히 받아들이면, 남편은 아내가 최선을 다해 신체적, 정서적, 지적, 영적인 건강을 유지하게 할 수 있다. 아내가 마흔 살에 자애로운 모습을 지닌다면 그것은 어느 정도 남편 덕분이다. 사랑은 정결케 하고 아름답게 한다.

아내가 품은 첫 번째 기본 욕구는 사랑을 받는 것이고, 아내는 구체적으로 표현된 사랑을 갈구한다. 남편이 아내에게 그 인생에서 가장 중요하고 사랑받는 사람임을 말과 행동으로 계속 표현하면 그 자신에 대한 아내의 애정을 의심할 필요가 없다. 잠언에 따르면 "아울러 남편이 아내를 칭찬한다." 아내는 남편의 칭찬을 받으면 활짝 꽃핀다.

 3. 적극적으로 돌보고 배려할 정도로 사랑하라. "남편도 아내를 자기 몸과 같이 사랑해야 합니다. 자기 아내를 사랑하는 것은 곧 자기를 사랑하는 것입니다. 자기 육신을 미워한 사람은 없습니다. 누구나 자기 육신을 먹여 살리고 돌보기를 그리스도께서 교회를 그렇게 하시듯이 합니다."

 아내가 지닌 또 다른 기본 욕구는 안전하다는 느낌이다. 그리고 안전한 느낌은 상호존경과 상조이해를 바탕으로 깊은 사랑을 품은 남편에게서 발견한다. 남편은 자기 몸을 돌보듯이 아내를 돌봐야 한다.

 사랑은 군림하기를 원치 않는다. 사랑은 사랑하고, 양육하고, 돌보라고 요청한다. 남편의 힘은 아내의 보호막이다. 남편의 성품은 아내의 자랑거리이자 자부심이다. 남편의 가슴은 아내의 피난처이다. 남편은 아내의 감성과 유익함을 보면 빛을 발하고 책임감을 느끼는 것처럼, 아내는 남편의 힘과 공감이 있을 때 점점 더 안전하다고 느낀다.

 4. 부모에게서 분립할 정도로 사랑하라. "그러므로 남자는 아버지와 어머니를 떠나, 아내와 결합하여 한 몸을 이루는 것이다." 남편은 감정적으로 또 모든 면에서 부모로부터 기꺼이 떨어짐으로써 아내에

대한 사랑을 증명한다. 가정이 행복하려면 앞치마 끈이 잘라져야 한다. 이제는 최우선적인 성실함과 사랑이 아내의 몫이다. 이렇게 되어야 아내의 또 다른 기본 욕구인 가정에서의 성취감이 충족된다. 아내는 비로소 그녀의 것인 남편, 그녀만의 독특한 장소를 제공하는 남편을 갖게 된다.

——— 사랑하는 주님, 우리가 서로 잘 어울리게 해주소서. 우리 자신을 너무 심각하게 여기지 않게 해주소서. 인내와 온유함이 부족할 때는 용서를 구하고 또 용서하도록 도와주소서. 늘 친절하게 지켜주소서. 누구에게든지 우리 가슴 속에 적대감을 품지 않게 해주소서. 이를 단 한 번이 아니라 날마다 가르쳐주소서. 아멘.

"행복한 가정"을 만들려면 여섯 가지가 꼭 필요하다. 언행일치가 건축사의 역할을, 단정함이 실내 장식의 역할을 해야 한다. 가정은 애정으로 따스해지고, 쾌활함으로 밝혀지고, 부지런함이 통풍기가 되어 날마다 분위기를 새롭게 하고 신선함 바람을 불러와야 한다. 한편, 모든 것을 보호하는 덮개와 후광으로는 하나님의 축복만한 것이 없다.

-제임스 해밀턴

사랑하는 여보, 내가 하나님을 더 많이 사랑할 때
당신이 마땅히 사랑받을 대로 당신을 사랑하게 된다오.

-조지 맥도널드가 그의 아내에게

아내여, 남편을 존경하라

잠언 31:10-31과 베드로전서 3:1-6을 읽으라.

누가 유능한 아내를 맞겠느냐? 그 값은 진주보다 더 뛰어나다. 남편은 진심으로 아내를 믿으며 가난을 모르고 산다. 그의 아내는 살아 있는 동안, 오직 선행으로 남편을 도우며, 해를 입히는 일이 없다. 양털과 삼을 구해다가, 부지런히 손을 놀려 일하기를 즐거워한다. 또한 상인의 배와 같이, 먼 곳에서 먹거리를 구하여 오기도 한다. 날이 밝기도 전에 일어나서 식구들에게는 음식을 만들어 주고, 여종들에게는 일을 정하여 맡긴다. 밭을 살 때에는 잘 살펴본 다음에 사들이고, 또 자기가 직접 번 돈으로 포도원도 사서 가꾼다. 허리를 단단히 동여매고, 억센 팔로 일을 한다. 사업이 잘 되어가는 것을 알고, 밤에도 등불을 끄지 않는다. 한 손으로는 물레질을 하고, 다른 손으로는 실을 탄다. 한 손은 펴서 가난한 사람을 돕고, 다른 손은 펴서 궁핍한 사람을 돕는다. 온 식구를 홍색 옷으로 따스하게 입히니, 눈이 와도 식구들 때문에 걱정하는 일이 없다. 손수 자기의 이부자리를 만들고, 고운 모시옷과 자주색 옷을 지어 입는다. 남편은 마을 원로들과 함께 마을회관을 드나들며, 사람들의 존

아내도 자기 남편을 존경하십시오. —에베소서 5:33 (현대인의 성경)

경을 받는다. 그의 아내는 모시로 옷을 지어 팔고, 띠를 만들어 상인에게 넘긴다. 자신감과 위엄이 몸에 배어 있고, 미래에 대한 두려움이 없다. 입만 열면 지혜가 저절로 나오고, 혀만 움직이면 상냥한 교훈이 쏟아져 나온다. 집안일을 두루 살펴보고, 일하지 않고 얻은 양식은 먹는 법이 없다. 자식들도 모두 일어나서, 어머니 업적을 찬양하고 남편도 아내를 칭찬하여 이르기를 "덕을 끼치는 여자들은 많이 있으나, 당신이 모든 여자 가운데 으뜸이오" 한다. 고운 것도 거짓되고, 아름다운 것도 헛되지만, 주님을 경외하는 여자는 칭찬을 받는다. 아내가 손수 거둔 결실은 아내에게 돌려라. 아내가 이룬 공로가 성문 어귀 광장에서 인정받게 하여라(잠 30:10-31).

아내가 된 이 여러분, 이와 같이 여러분은 자기 남편에게 순복하십시오. 그리하면 비록 말씀에 복종하지 않는 남편일지라도, 말을 하지 않고도 아내 여러분의 행실로 말미암아 구원을 얻게 될 것입니다. 그들이 여러분의 경건하고 순결한 행실을 보고 그렇게 될 것입니다. 여러분은 머리를 꾸미며 금붙이를 달거나 옷을 차려 입거

> 나 하여 겉치장을 하지 말고, 썩지 않는 온유하고 정숙한 마음으로 속사람을 단장하도록 하십시오. 그것이 하나님께서 보시기에 값진 것입니다. 전에 하나님께 소망을 두고 살던 거룩한 여자들도 이와 같이 자기를 단장하고, 자기 남편에게 순복하였습니다. 사라가 아브라함을 주인이라고 부르면서 그에게 순종하던 것과 같습니다. 여러분은 선을 행하고, 아무리 무서운 일도 두려워하지 않으니, 사라의 딸이 된 것입니다(벧전 3:1-6).

솔로몬은 잠언에서 결혼관계의 찬란한 모습을 그리고 있다. 부지런하고 자애로운 아내가 남편을 깊이 존경하고 남편과 가정을 행복하게 만드는 모습이다. 남편은 아내를 자랑스러워할 뿐만 아니라 칭찬하기도 한다. "남편은 진심으로 아내를 믿는다."

존 헤이우드는 "좋은 아내가 좋은 남편을 만든다"고 썼다. 아내를 향한 남편의 존중은 남편을 향한 아내의 존경과 짝을 이루게 된다.

항상 성경을 믿어왔던 크리스천들은 특정한 결혼 모형을 가리키곤 한다. 이 모형을 따르면 행복이 확보된다.

하나님은 아내에게 남편을 존경하라고 요구하신다. 이는 상대방의 존엄과 지위를 깊이 살펴보고 귀하게 여긴다는 뜻이다. 남편을 존경하지 않는 아내는 열기가 없는 난로, 빛이 없는 램프, 생명이 없는 몸과 같다.

존경과 협력은 사랑이 낳는 결과이다(디도서 2:3-4). 모든 참된 사랑은 존경에 그 근거를 둔다. 그리고 아내는 남편에게 헌신적인 모습을 보여줌으로써 남편의 선한 속성을 이끌어낸다. 사랑은 신체적 차원을 지닐 뿐 아니라 일상의 부드러운 말과 친절한 행동으로 표현된다. 사랑은 신뢰와 확신으로 이뤄져 있다. 약간의 사랑은 혀를 제어할 유일한 장치이다. 존경심은 어떻게든 상대방을 해치지 않고 상대방을 더 높이고 싶은 심정으로 나타난다.

존경은 곧 순종한다는 뜻이다(에베소서 5:21-24). "여러분은 그리스도를 두려워하는 마음으로 서로 순종하십시오." 이는 기꺼이 또 이타적으로 서로 사랑과 존경을 베푸는 상호순종을 의미한다.

바울은 남편이 가정의 머리로서 사랑으로 가정을 세운다고 말한다. 여기서 머리됨은 이기적인 압제가 아니라 자애로운 섬김, 리더십, 협력을 요구한다. 그래서 그리스도는 교회를 사랑하고, 교회를 보양하고, 교회를 위해 그 자신을 내어주신 것이다.

미성숙한 배우자만이 파트너의 이익을 자신의 이익과 동등하게 두는 것을 반대한다. 그리고 상대방에 대한 사랑과 결혼에 대한 헌신으로 자신의 욕망을 희생하는 것도 반대한다. 성숙하다는 것은 결혼관계와 가족에게 영향을 주는 의사결정을 내릴 때 배우자를 존중한다는 뜻이다. 아울러 가정에서 리더십을 공유한다.

아내나 남편이 결혼생활에서 아이처럼 행동한다면, 그런 합일은 하나님의 계획을 성취하지 못한다. 하나님은 남자와 여자 둘 다를 그의 형상으로 만드셨고, 그의 세계와 가정에서 함께 리더십을 발휘하도록 명하셨다. 그리고 하나님의 명령은 "선하다"(창세기 1:26-31).

남편은 아내가 있을 때 더 온유해지고, 아내는 여성이 된 것을 만족스러워한다. 그리고 성경에 따르면, 아내는 남편을 존경하며 기꺼이 남편과 협력할 때 행복감을 느낀다고 한다.

어떤 이들은 신부의 베일이 신랑에 대한 순종의 상징이라고 말했다. 이와 동시에, 신랑이란 용어는 "신부의 종"이란 뜻이다. 그 옛날 결혼 잔치에서는 신랑이 신부를 기꺼이 섬기겠다는 표시로 신부의 시중을 들었다. 미국의 풍자가 앰브로즈 비어스는 결혼을 "주인, 여주인, 그리고 두 종들로 구성되고, 둘 모두를 그렇게 만드는 공동체"라고 정의했다.

한 늙은 설교자가 언젠가 이런 글을 썼다. "좋은 아내는 하늘이 남자에게 준 최후의, 최상의 선물이다…많은 미덕 중의 미덕이고 보석들을 담은 상자이다. 아내의 목소리는 가장 고운 음악이고, 아내의 미소는 가장 밝은 낮이며, 아내의 키스는 그의 순결을 지키는 수호자이며, 아내의 팔은 그의 안전을 지키는 울타리이다…아내의 근면함은 그의 가장 확실한 부(富)이고, 아내의 절약은 그의 가장 안전한 청지기이며, 아내의 입술은 그의 신실한 상담사이고, 아내의 가슴은 그의 근심을 덜어주는 가장 부드러운 베개이고, 아내의 기도는 그의 머리에 임하는 하늘의 복을 옹호하는 가장 유능한 변호사이다."

남편을 존경하는 여자와 아내를 자기처럼 사랑하는 남자에게는 풍성한 보물이 간직되어 있다.

─── 아 하나님이여, 우리에게 능력을 주시는 은혜가 우리에게 요구하시는 은혜에 못지않게 하셔서 감사합니다. 우리에게 용기를 주소서. 우리가 공유하고 견디고 돌보려면 용기가 필요하기 때문입니다. 우리가 타인들의 실수에 초점을 맞출 때 생기는 낙담에서

Meditations for the Newly Married

우리를 구하소서. 우리의 눈이 당신의 영원한 사랑과 약속으로 향하게 하소서. 아멘.

복 있는 아내는
남편을 생각하며
자기 연민에 빠지지 않고
남편을 최고의 기쁨으로 삼는 이

복 있는 남편은
아내를 사랑하며
온유한 마음을 품고
늘 친절한 말을 하는 이

복 있는 부부는
음악이 쉴 새 없고
노래가 그칠 순간 없으리.
사랑의 현들이 서로 조화를 이루고
마음이 늘 노래하기 때문일세.

제6일

결혼의 삼각구도

여호수아서 24:15-17을 읽으라.

주님을 섬기고 싶지 않거든, 조상들이 강 저쪽의 메소포타미아에서 섬기던 신들이든지, 아니면 당신들이 살고 있는 땅 아모리 사람들의 신들이든지, 당신들이 어떤 신들을 섬길 것인지를 오늘 선택하십시오. 나와 나의 집안은 주님을 섬길 것입니다. 백성들이 대답하였다. "주님을 저버리고 다른 신들을 섬기는 일은 우리가 절대로 하지 않겠습니다. 주 우리 하나님이 친히 우리와 우리 조상을 이집트 땅 종 되었던 집에서 이끌어 내시고, 우리가 보는 앞에서 그 큰 기적을 일으키셨습니다. 또 우리가 이리로 오는 동안에 줄곧 우리를 지켜 주셨고, 우리가 여러 민족들 사이를 뚫고 지나오는 동안에 줄곧 우리를 지켜 주셨습니다.

여호수아의 결의에 기초한 가정은 폭풍, 질병, 고난, 실업, 또는 죽음에 흔들릴지는 몰라도 결코 무너지지 않을 것이다. 반석 위에 세운 집이라서 그렇다. 그런 고백은 기독교 신앙의 요새이고 영적인 평안과 소망의 피난처이다.

Meditations for the Newly Married

나와 나의 집안은 주님을 섬길 것입니다. —여호수아서 24:15

두 사람이 영적 헌신과 연합 의식을 공유할 때는 강인하고 안정된 결혼생활을 시작할 수 있다. 배우자들이 하나님을 그 가정의 중심에 모시기로 서약하는 결혼생활은 행복하다. 결혼은 그리스도를 머리로 삼는 삼각구도이기 때문이다. 각 배우자가 그리스도께 더 가까이 갈수록 서로에게 더 가까워진다. 이 거룩한 삼각구도는 또한 구조 전체를 다함께 붙들어주는 주춧돌을 형성한다.

그리스도를 합당한 자리에 모시는 일은 훌륭한 크리스천에게도 저절로 생기지 않는다. 이는 남편과 아내가 처음부터 하나님을 인정하는 방법을 찾는 것을 의미한다. 이는 여러 사항을 포함한다.

첫째, 이는 개인적인 경건의 삶을 개발하는 것이다. 개인적으로 성경을 읽고 기도하는 경건의 시간은 많은 재물보다 더 가치 있는 것으로 입증되리라.

그러나 개인적인 경건의 삶 너머 함께 예배하는 특권도 있다. "두세 사람이 내 이름으로 모여 있는 자리, 거기에 내가 그들 가운데 있다"(마태복음 18:20)는 말씀은 결혼관계에 특별한 의미를 지닌다. 하나님은 모든 결혼관계에 존재하는 그런 소그룹에 함께하겠다고 약속하신다. 그리고 "다함께 기도하는 가족은 다함께 잘 지낸다"는 격언은 여전히 굉장한 진리를 담고 있다.

　기도하려고 성실히 무릎 꿇는 부부는 삶의 긴급사태에 대처하려고 함께 일어서는 일이 별로 어렵지 않다. 우리가 하나님 앞에 함께 무릎을 꿇으면서 갈라설 수는 없다. 토머스 풀러는 언젠가 기도가 "낮의 열쇠"이자 "밤의 자물쇠"가 되어야 한다고 말한 적이 있다.

> 가장 순수한 기쁨 위해 형성되어
> 한 열망에 사로잡힌 그들
> 한 목적 위해 모든 열정 불사르니
> 서로를 행복하게 하는 것.
>
> 그들의 지복에 견줄 것 없으니
> 뜨거운 애정이 서로 만나고
> 경건한 찬양과 뒤섞인 기도
> 그들의 하나됨 달콤하게 만드네. (아이삭 와츠)

　베드로전서 3:7에서 성경은 특히 남편들에게 아내를 잘 배려해서 기도가 막히지 않게 하라고 한다. 행복한 결혼생활을 막는 심각한 문제 중 하나는 사소한 짜증으로 시작되는, 서로를 향한 원한이다. 이런 내적 감정이 고백되고 용서받지 못하면 기도생활이 방해를 받는다.
　바로 여기에 행복하고 거룩한 가정이 되는 것을 막는 최대의 걸림돌이 있는 듯하다. 원한의 뿌리는 눈에 보이진 않아도 점점 자랄 수 있다. 그 뿌리를 고백과 용서로 뽑아내지 않으면 점차 자라서 소원함

Meditations for the Newly Married

과 혐오감의 열매를 맺는다. 원한의 뿌리는 저절로 사라지지 않는다. 솔직하게 직면해서 용서를 받아야 한다.

한 남편이 이렇게 말한 적이 있다. "부부의 연합기도와 개인적 기도생활이 방해받지 않도록 남편에게 원한의 뿌리를 경계하라고 말하는 성경의 뜻을 알 것 같다. 성공적인 기도와 살아있는 성경공부의 비결은 잘못과 감정을 서로에게 빨리 성실하게 고백하는 겸손이다. 여기에 치유가 있다."

두 파트너가 규칙적으로 교회에 출석하기로 약속하는 결혼생활도 행복하다. 탄탄한 믿음은 하나님의 가족과 나누는 교제를 반드시 포함한다. 거기서 하나님 안에서 서로 격려하는 일이 가능하다.

하나님의 백성이 모이는 교회는 또한 다함께 전도하고 섬기는 기회도 제공한다. 결혼은 하나님과 타인을 섬기려고 더불어 살아가는 관계일 뿐 아니라 손과 마음을 하나님과 맞잡는 관계이기도 하다. 한 인격과 손을 맞잡고 우리 자신보다 더 높고 더 큰 목적에 합류하면 기쁨이 따라온다.

───── 아 하나님이여, 우리의 모든 염려를 당신께 맡기라고 권유해주셔서 감사합니다. 어떤 염려는 당신의 주목을 못 받는다고 생각하지 않도록 도와주소서. 먼저 인간적으로 가능한 모든 일을 하는 한편, 기도를 최후의 방책으로 미루지 않게 해주소서. 우리가 당신과의 관계와 서로의 관계를 늘 좋은 상태로 유지하도록 도와주소서. 아멘.

제7일

섹스는 신성하다- 태도

결혼생활이 섹스에 대한 그릇된 태도로 어려움을 겪을 때가 많다. 어떤 이들은 성관계가 불결하거나 건전치 못하다는 느낌 또는 두려움을 품고 있다. 성경은 섹스가 신성하고 또 하나님 계획의 일부로 창조된 것이라고 주저 없이 말한다. 하나님이 "좋다"고 부르신 것들 중의 하나다. 물론 좋은 것들도 오용될 수 있다. 그러나 올바로 사용하면 결코 부끄러운 것이나 악한 것이 되지 않는다.

   남편과 아내는 성적 합일의 정당함, 선함, 그리고 축복을 확신할 필요가 있다. 결혼한 커플이 맨 먼저 할 일 중의 하나는 섹스에 대해 깊이 이해하고 감사하는 일이다. 망설임, 두려움, 수치심, 또는 죄책감이 사라질 때까지 부부가 성관계에 대해 자유로이 또 솔직히 얘기해야 한다. 그렇지 않으면 영적인 관계와 육체적 관계가 어려움에 봉착한다.

   남편은 아내의 여성적 특징을 완전히 수용할 필요가 있다. 아울러 아내는 남편의 남성적 본성을 완전히 받아들일 필요가 있다. 그리고 각자가 상대방을 완전히 신뢰하는 가운데 조건 없이 몸과 마음과 생각을 내어줄 때 사랑이 표현되는 법이다.

   섹스에 대해 부정적인 태도를 취하면 안 된다. 어느 한 쪽이 사랑의

Meditations for the Newly Married

그 때에 그 남자가 말하였다. "이제야 나타났구나, 이 사람! 뼈도 나의 뼈, 살도 나의 살, 남자에게서 나왔으니 여자라고 부를 것이다."… 남자와 그 아내가 둘 다 벌거벗고 있었으나, 부끄러워하지 않았다. —창세기 2:23, 25

육체적 표현에 대해 무관심하거나 싫은 반응을 보인다면, 또는 그런 표현을 수치스러운 것으로 바라본다면, 그것은 질병이나 정서적 문제나 부적응의 증상일 가능성이 있다.

물론 섹스가 부부간의 행복에 이르는 열쇠는 아니다. 빵이 목숨을 유지시키는 유일한 열쇠가 아닌 것과 같다. 그러나 섹스는 의미심장한 결혼관계를 열어주는 중요한 열쇠이다. 그것은 인격들 간의 사랑과 합일을 표현하는 아름다운 실체이다. 성욕의 충동은 남편과 아내를 함께 끌어당기는 가장 큰 힘 중의 하나이다. 그리고 그것은 하나님이 주신 정상적인 충동이다. 그래서 부부관계를 만족시키는 일은 결혼을 안정시키고 탄탄하게 하는 효과가 있는 것이다.

섹스는 결혼관계가 남몰래 충족시켜주는 그릇된 욕망이 아니다. 그것은 하나님의 백성이 성취감을 맛보고 많은 열매를 맺도록 하나님이 계획하신 것이고, 이를 통해 그들은 완전한 자유와 기쁨을 맛보게끔 되어 있다. 성적 합일은 즐거움, 만족, 신뢰, 조화, 자기존중, 그리고 하나됨과 사랑을 낳도록 설계된 것이다.

만족스러운 성관계는 하나의 예술적 성취이다. 인내와 연습, 지능과 기술의 산물이기 때문이다. 성적인 조화는 생물학적 요인들보다 친절과 예의와 배려 같은 배양된 미덕들에 더 많이 달려있다.

우리가 만일 무엇을 얻을지 생각하면서 성행위에 접근한다면 별로 얻지 못할 것이다. 그런 태도는 감사와 환희 대신에 실망과 역겨움을 초래할 수 있다. 반면에 상대방을 풍요롭게 하려고 접근하면 둘 다 풍요롭게 될 것이다.

성적 합일의 경우는 상대방의 욕구를 채우려고 할 때 우리 자신의 욕구가 잘 채워진다는 원리가 딱 들어맞는다. 그런즉 성적 조화의 비결은 상대방의 행복을 추구하는데 있다.

예수님은 다음과 같은 말씀을 할 때 결혼관계에 순결의 도장을 찍으셨다. "사람을 창조하신 분이 처음부터 그들을 남자와 여자로 지으셨다는 것과…'그러므로 남자는 아버지와 어머니를 떠나서, 자기 아내와 합하여서 둘이 한 몸이 될 것이다' 하신 것을, 너희는 아직 읽어 보지 못하였느냐?"(마태복음 19:4). 그러므로 남편과 아내는 성적 합일의 욕망을 친밀감과 교감을 느끼기 위한 정상적이고 자연스러운 욕망으로, 그리고 신적 차원을 지닌 사랑과 애정의 표현으로 봐야 한다. 섹스는 사랑하라는 하나님의 명령이 표현된 것이다. 그것은 결혼으로 하나가 되었다는 기적을 선포하는 거룩한 실체가 된다.

———— 우리 아버지여, 우리를 완전히 아시고 또 돌봐주셔서 감사합니다. 우리가 서로의 말과 더불어 갈망을, 행동과 더불어 의향을, 실패와 더불어 바람을 알도록 도와주소서. 우리가 상대방의 슬픔이나 욕구에 둔감해지지 않고, 우리의 관심사를 좁혀 우리 자신에게만 몰두하지 않게 하소서. 아멘.

Meditations for the Newly Married

복 있는 결혼은
각자 내밀한 자아와 꿈을
자유롭게 나누는 사이

투명한 사랑이
숨은 희망과 장애물을
사랑스레 이해시키는 관계.

복 있는 결혼은
인격과 행위, 자기이해가
점점 성숙해지는 모판.
두려움을 있는 그대로 직면하면
저 멀리 사라지고 달아나리
더 큰 사랑 앞에서.

신혼부부를 위하여

제8일

섹스는 신성하다 - 행위

섹스에 관한 올바른 인식이 필요할뿐더러 부부 간의 성행위에 대해 분명히 정리할 점도 있다. 때로는 커플들이 섹스 테크닉을 다룬 책을 한두 권 읽고 그들의 경험이 그 표준에 못 미친다는 것을 발견한다. 그래서 낙심하거나 환멸을 느끼고 그들의 경험은 독특하다고 생각한다.

물론 책이 큰 도움을 줄 수 있지만 단 하나의 정답만 있는 것은 아니다. 각 부부는 자기네에게 가장 만족스러운 방법을 찾을 필요가 있다.

성관계를 진지하게 생각하라. 그 관계를 가장 따스하고 풍성하게 가꾸라. 성관계를 맺을 때마다 상호간의 사랑과 신뢰를 최대한 표현하라. 만족스러운 신체적 표현은 몸의 부대낌 이상의 것이 있을 때만 오래 지속될 수 있음을 기억하라.

사랑의 말과 행위는 언제나 중요하다. 성관계는 부부관계를 좌우하는 면보다 부부관계 전반의 건강을 반영하는 면이 더 크다. 연습, 주고받기, 존경, 배려, 그리고 헌신 등이 만족스러운 성생활에 필요한 기초를 놓는다. 그리고 다른 방법으로 사랑과 화합을 표현하지 않는 부부는 성적 만족을 경험하기 어렵다.

더 나아가, 성급하거나 서두르면 안 된다. 어느 부부라도 짧은 기

> 남편은 아내에게 남편으로서의 의무를 다하고, 아내도 그와 같이 남편에게 아내로서의 의무를 다하도록 하십시오. 아내가 자기 몸을 마음대로 주장하지 못하고, 남편이 주장합니다. 마찬가지로, 남편도 자기 몸을 마음대로 주장하지 못하고, 아내가 주장합니다.
> —고린도전서 7:3-4

간에 성공을 거둘 수는 없다. 때로는 몇 달이나 몇 년이 걸릴 수 있다. 어느 듀엣도 연습한지 며칠 만에 완벽해질 수 없다. 그러나 시간이 흐르면서 각각 양보하고 주도하는 기술을 배워서 최상의 잠재력을 이끌어내게 된다.

특히 결혼 초기에 남편은 부드러울 필요가 있다. 또한 아내도 남편을 기쁘게 할 필요가 있고, 남편을 완전히 신뢰하고 그를 남자로서 기꺼이 받아들인다는 것을 알려줄 필요가 있다.

성적 합일을 처음 시도할 때는 솜씨나 만족을 기대할 수 없다. 설상가상으로 불안감이 겹쳐 거북해지기도 한다. 하지만 서로를 배려하고 유머 감각이 있는 부부는 성적인 조화를 이루게 된다.

보통은 한쪽이 다른 쪽보다 성적 충동이 더 강하다. 이는 정상이다. 그래서 성경은 각자가 상대방의 필요를 염두에 둬야 한다고 말하는 것이다. 결혼생활에서 성적 측면을 소홀히 하는 것은 위험하다. 만일 우리가 남편과 아내의 사랑과 성실함이 새롭게 되는 이 큰 합일의 경험을 허락하지 않으면서 지속적인 사랑과 성실함을 요구한다면, 그것은 일종의 기만이다. 이는 곧 만족보다는 불만을 초래할 수 있다. 부부관계에 대해 성경은 "여러분은 서로 몸을 거절하지 말라"(고린도전서

7:5, 현대인의 성경)고 말한다.

그러면 남편과 아내가 얼마나 자주 성관계를 맺어야 할까? 많은 연구결과에 따르면 그 빈도는 매우 다양하고 평균은 한주에 두 번이다. 중요한 점은 남편과 아내가 서로 자유로이 솔직하게 대화해서 둘 다 기뻐할 만한 경험에 이르는 것이다.

성적 합일을 너무 오랫동안 삼가는 커플은 서로에게 짜증을 내기 쉽다. 아울러 극심한 유혹에 빠질 가능성이 많다. 반면에 성교가 너무 잦은 커플은 성행위의 의미가 줄어들고 바람직한 특성을 잃어버린다.

함께하는 삶이 길어지고 사랑이 깊어지면 육체적 연합에서 더 큰 기쁨을 맛보게 된다. 성행위에 사랑을 불어넣지 않으면 실제 지식이 아무리 많아도 소용이 없다. 아내가 의무감에서 수동적으로 반응하기만 하면 성행위가 신적 존엄성을 상실하고 책임의 이행밖에 되지 않는다. 남편이 성적 즐거움을 개인적 특권으로 생각하면 그 행위는 숭고함을 빼앗긴 채 이기적인 몸짓으로 전락하고 만다.

그러나 참된 사랑이 가득할 때에 대해 찰스 휴고 도일은 이렇게 묘사한다. "결혼생활에서 적당한 성기능은 남편이 아내에게 사랑의 잔을 건네주는 것이고, 그 잔에 든 포도주는 남자와 여자가 이 땅에서 알 수 있는 가장 깊은 기쁨의 하나를 나눠준다. 그 포도주는 그들이 스스로 빚은 것이고 그 힘과 맛을 개선하려면 숙달된 혼합과 시간이 필요하다"

──── 아 하늘과 땅을 지으신 분이여, 우리 속에 사랑할 수 있는 능력을 창조하셔서 감사합니다. 자기중심으로 사는 우리를 용서해

주소서. 주님을 향한 사랑과 서로에 대한 사랑을 소생시켜주셔서
연민을 베푸는 우리의 능력과 돌보고 나누는 능력이 커지게 하소
서. 나쁜 감정이나 미움을 품어 주님께 받은 고귀한 사랑의 능력이
손상되지 않게 하소서. 아멘.

복 있는 결혼은
사랑에 겨워
친밀한 행위를 주고받는 관계
행복을 선사할 기회만큼
행복을 요구하지 않는다.

복 있는 결혼은
꿈꾸던 기쁨보다
더 깊은 기쁨을 누리게 되리
사랑은 두려움을 내쫓고
잠재된 능력이
사랑의 격려를 받아
서서히 열려 꽃피게 되리.

제9일

출산의 파트너

시편 127과 128을 읽으라.

주님께서 집을 세우지 아니하시면 집을 세우는 사람의 수고가 헛되며, 주님께서 성을 지키지 아니하시면 파수꾼의 깨어 있음이 헛된 일이다. 일찍 일어나고 늦게 눕는 것, 먹고 살려고 애써 수고하는 모든 일이 헛된 일이다. 진실로 주님께서는, 사랑하시는 사람에게는 그가 잠을 자는 동안에도 복을 주신다. 자식은 주님께서 주신 선물이요, 태 안에 들어 있는 열매는, 주님이 주신 상급이다. 젊어서 낳은 자식은 용사의 손에 쥐어 있는 화살과도 같으니, 그런 화살이 화살 통에 가득한 용사에게는 복이 있다. 그들은 성문에서 원수들과 담판할 때에, 부끄러움을 당하지 아니할 것이다(시 127).

주님을 경외하며, 주님의 명에 따라 사는 사람은, 그 어느 누구나 복을 받는다. 네 손으로 일한 만큼 네가 먹으니, 이것이 복이요, 은혜이다. 네 집 안방에 있는 네 아내는 열매를 많이 맺는 포도나무와 같고, 네 상에 둘러앉은 네 아이들은 올리브 나무의 묘목과도 같다. 주님을 경외하는 사람은 이와 같이 복을 받는다. 주님께서

Meditations for the Newly Married

하나님이 그들에게 복을 베푸셨다. 하나님이 그들에게 말씀하시기를 "생육하고 번성하여 땅에 충만하여라..." -창세기 1:28a
자식은 주님께서 주신 선물이요, 태 안에 들어 있는 열매는, 주님이 주신 상급이다.
-시편 127:3

> 시온에서 너에게 복을 내리시기를 빈다. 평생토록 너는, 예루살렘이 받은 은총을 보면서 살게 될 것이다. 아들딸 손자손녀 보면서 오래오래 살 것이다. 이스라엘에 평화가 깃들기를!(시 128).

하나님의 사랑이 흘러넘쳐 남자와 여자를 창조하셨듯이, 남편과 아내의 사랑이 흘러넘쳐 자녀들을 향한 사랑이 된다. 결혼을 하면 보통은 부모가 될 것을 내다본다.

하지만 오늘날의 생활방식은 가정에 불리한 작용을 한다. 맞벌이 부부는 자녀를 갖는 게 쉽지 않다. 아울러 좋은 집, 명품과 해외여행, 노후대책 등도 자녀출산을 꺼리게 만든다. 최신 가전제품과 멋진 가구 장만이 자녀들에 대한 사랑과 돌봄을 앞지를 수도 있다.

오늘날 많은 부부가 성취감의 부족에 시달리고 둘을 세워주는 많은 복을 놓치고 있다. 그 이유는 결혼의 일차적 기능인 출산을 미루기 때문이다. 아기를 축복이 아닌 짐으로 간주한다. "생육하고 번성하라"는 성경의 명령은 우리에게 부부 둘만의 행복을 추구하는 유행에서 벗어나라고 촉구한다.

엄마가 갓 태어난 아기를 가슴에 껴안을 때 느끼는 기쁨보다 더 큰 기쁨은 없다. 그리고 자신에게 속한 유아의 예쁜 눈을 응시하는 아빠보다 더 행복한 남자는 세상에 없다.

그런 기쁨은 물론 하나님이 계획하신 것이다. 자녀는 부모가 주고받는 상호사랑의 산물이자 생생한 유대이다. 자녀들이야말로 인생이 누릴 수 있는 최상급의 만족이다.

자녀들은 가정에 기쁨과 행복을 가져올 뿐 아니라 남편과 아내를 사랑과 화합으로 묶어주고, 삶에 새로운 관심과 목적을 부여하기도 한다.

어떤 커플들은 이기심 때문에 또는 자녀양육의 능력이 부족해서 자녀를 낳지 않는다. 다른 한편, 자녀를 갖고 싶어도 가질 수 없는 경우도 있다. 이런 커플은 고아를 입양해서 풍성한 보답을 받을 수도 있다.

자녀들에게 부모가 필요하다는 말은 지당하다. 자녀들을 사랑하고 소중히 여기는 남편과 아내가 감정적 만족과 성취감을 많이 맛본다는 것도 똑같이 지당하다.

부모가 되는 것이 중요하다고 아무런 계획도 없이 자녀가 생기는 대로 줄줄이 낳아도 된다는 뜻은 아니다. 대다수는 터울을 두고 자녀들을 낳기 원한다. 문제는 가족계획을 세워야 하는지가 아니라 어떻게 세울 것인가 하는 것이다. 이는 각 부부가 의사결정을 해야 할 문제이다. 법으로 규정할 게 아니라 현명한 자문을 받아 사랑의 동기로 결정할 사안이다.

그렇다, "자식은 주님이 주신 선물(기업)이다." 자녀들이 있으면 우리는 우리 자신에게 갇혀있을 수 없고 결혼관계는 더욱 뜻 깊고 멋진 차원으로 승화된다.

부모는 하나님과 손잡은 동반자들로서 하나님의 계획을 이룬다. 하나님은 자녀들을 선물로 주심으로써 가정에게 하나님의 창조 사역과 장래 계획을 수행하는 영광을 주신다. 각 부모는 과거와 연결되는 끈과 미래에 대한 책임을 짊어진다.

자녀들은 우리에게 한동안 주어진 하나님의 선물이다. 성경에서 자녀들은 하나님이 결혼관계를 축복하셨다는 확실한 표시이다.

예수님은 하나님의 나라가 아이들에게 속해 있다고 말씀하신다(마가복음 10:14). 부모는 자녀들이 성숙하도록, 하나님과 친구가 되도록, 그들 스스로 현명한 선택을 내리도록 그들을 준비시킨다. 한나가 그랬듯이(사무엘상 1:28), 부모가 하나님을 섬기도록 자녀들을 바칠 때는 양육해서 풀어주는 과정이 있다. 믿는 부모는 자녀를 "주님의 훈련과 훈계로" 길러야 한다(에베소서 6:4). 부모는 생활을 통해 하나님의 뜻을 행하고, 예수님을 큰 형제이며 구원자이자 주님으로 모심으로써(마가복음 3:35, 로마서 8:29) 하나님의 가족에 속해 있음을 보여줘야 한다.

가정을 시작해서 지탱하며 자녀를 튼튼하고 순결하게 키우는 부모는 하나님에 버금가는 창조자들이라 할 수 있다. 출산에 있어서 하나님의 파트너가 되는 특권을 지닌 자들이다.

―― 아 창조의 하나님이여, 우리에게 자녀를 낳는 복을 주신다면 깊은 헌신으로 서로 더욱 하나가 되고 당신과도 하나가 되게 해 주소서. 자녀들을 주님이 주신 선물로 여기고 우리 자신을 주님의 창조 사역에 동참하는 자들로 보게 도와주소서. 아멘

영구적인 사랑

갈라디아서 5:22-23을 읽으라.

그러나 성령의 열매는 사랑과 기쁨과 화평과 인내와 친절과 선함과 신실과 온유와 절제입니다. 이런 것들을 막을 법이 없습니다.

"신랑이 신부에게 입 맞추는 순간 마지막 줄에 앉은 노인이 몸을 기대며 아내에게 입을 맞추는 모습이 내 시야에 들어왔다. 나는 너무나 매혹되어 즉시 그들에게 가서 그들이 결혼한 지 무려 52년이 흘렀다는 사실을 알게 되었다. 그들은 여전히 깊은 낭만적인 사랑을 느꼈고, 우리도 그들 간의 애정을 감지할 수 있을 정도였다." 로이 버크하르트가 쓴 글이다.

아가서는 깊은 사랑에 빠진 신부와 신랑이 부르는 노래이다. 한 주석은 "언뜻 보면 성경에 인간 사랑에 관한 시가 나와서 우리를 놀라게 한다"라고 말한다. 그리고 시인 셀리는 이렇게 쓰고 있다. "이 노래는 참으로 사랑에 빠진 사람을 만족시킬 만한 유일한 혼인 노래이다. 이 노래는 사랑의 신체적 측면을 순결하고 거룩한 것의 영역 안에 자리 잡게 한다." 모든 신부와 신랑은 성경을 펴고 이 사랑의 노래를 함

Meditations for the Newly Married

> 바닷물도 그 사랑의 불길 끄지 못하고, 강물도 그 불길 잡지 못합니다. 남자가 자기 집 재산을 다 바친다고 사랑을 얻을 수 있을까요? 오히려 웃음거리만 되고 말겠지요. – 아가서 8:7

께 읽어야 한다.

솔로몬에 따르면, 참된 사랑은 어떤 재난에도 파멸될 수 없고 뇌물로 살 수도 없다.

한 시골 소녀가 언젠가 들종다리처럼 노래한 참새들, 그리고 구정물을 길에 버릴 때 비눗방울에 나타난 무지개에 관해 얘기한 적이 있다. 이후에 숨을 참으면서 그런 공상을 꿈꾼 이유를 설명했다. "내 연인이 지난밤 내 눈에 키스를 했어요." 결혼이란 그대가 사랑하는 이가 지상의 다른 모든 사람보다 그대를 선택했다는 뜻이다. 그리고 결혼식 날 그대는 엄숙하고 기쁜 언약을 맺었다.

"나는 그대를 맞이하오" –다른 모든 이들 가운데서–
"사랑하기 위해, 소중히 여기기 위해" –다른 모든 이들보다 더–
"죽음이 우리를 갈라놓을 때까지."

월터 스콧 경은 참된 사랑을 이렇게 묘사한다.

참된 사랑은 하나님이 주신 선물

하늘 아래 사람에게만

그 사랑은 공상이 낳은 뜨거운 불 아니니

이 불의 소원은 허락되는 즉시 날아가고 마는 것

그 사랑은 격렬한 욕망 속에 살지 않으니

죽은 욕망과 함께 죽지 않는 것.

그 사랑은 은밀한 교감,

은빛 연줄, 실크 매듭이니

몸과 영혼 속

마음과 마음, 생각과 생각을 묶어주는 것.

    잠언 30:18-19는 이렇게 말한다. "기이한 일이 셋, 내가 정말 이해할 수 없는 일이 넷이 있으니, 곧 독수리가 하늘을 날아간 자취와, 뱀이 바위 위로 지나간 자취와, 바다 위로 배가 지나간 자취와, 남자가 여자와 함께 하였던 자취이다."

    네 가지가 잠언 저자를 당황케 했다. 그것들은 자연의 경이로운 현상들이다. 독수리는 창공을 쉽게 날아가되 그 뒤에 자취를 남기지 않는다. 뱀은 바위 위로 재빨리 지나가되 구르거나 미끄러지지 않는다. 배는 안 보이는 길을 따라 바다 물결을 헤치고 나아가되 아무런 흔적을 남기지 않는다. 가장 경이로운 것은 남자와 여자의 관계이다. 그들은 만난다. 그들의 마음이 융합되고, 그들의 영혼은 함께 묶여 평생의 관계를 맺는다.

Meditations for the Newly Married

역사상 가장 오래되고 가장 사랑받은 이야기들은 이 사랑, 남자와 여자의 길에 관해 들려준다. 그리고 우리 세계는 공중에서 돌고 변화무쌍한 데도 불구하고, 커플들은 창조주가 계획한 대로 계속 사랑하며 살아가리라.

―― 아 주님, 영원히 믿음을 지키는 분이여, 우리에게 가정을 의탁하심으로써 우리에게 믿음을 보여주셔서 감사합니다. 우리 믿음의 직물에 당신에 대한 자유롭고 온전한 헌신의 줄을 계속 엮어 주소서. 대낮에 우리의 정신이 산만할 때 우리를 당신 자신에게 이끌어 온전한 상태에 이르게 하소서. 당신이 지닌 사랑의 본성을 따라 충만한 열매를 맺게 하소서. 아멘

복 있는 결혼은
각 배우자가 기분 좋게
작은 희생을 치를 준비가 된 사이
각 배우자가 일상의 의무를
사랑의 기회로 삼는 관계.

복 있는 결혼은
평화로 가득한 멋진 궁전에 살리라
부부가 뜻밖의 장소에서 되돌아온
기쁨과 사랑을 보게 되리라.

기독교의 덕목을 입다

제11일

사랑이란?

고린도전서 13장을 읽으라.

내가 사람의 모든 말과 천사의 말을 할 수 있을지라도, 내게 사랑이 없으면, 울리는 징이나 요란한 꽹과리가 될 뿐입니다. 내가 예언하는 능력을 가지고 있을지라도, 또 모든 비밀과 모든 지식을 가지고 있을지라도, 또 산을 옮길 만한 모든 믿음을 가지고 있을지라도, 사랑이 없으면, 아무것도 아닙니다. 내가 내 모든 소유를 나누어줄지라도, 내가 자랑삼아 내 몸을 넘겨줄지라도, 사랑이 없으면, 내게는 아무런 이로움이 없습니다. 사랑은 오래 참고, 친절합니다. 사랑은 시기하지 않으며, 뽐내지 않으며, 교만하지 않습니다. 사랑은 무례하지 않으며, 자기의 이익을 구하지 않으며, 성을 내지 않으며, 원한을 품지 않습니다. 사랑은 불의를 기뻐하지 않으며, 진리와 함께 기뻐합니다. 사랑은 모든 것을 덮어 주며, 모든 것을 믿으며, 모든 것을 바라며, 모든 것을 견딥니다. 사랑은 없어지지 않습니다. 그러나 예언도 사라지고, 방언도 그치고, 지식도 사라집니다. 우리는 부분적으로 알고, 부분적으로 예언합니다. 그러나 온전한 것이 올 때에는, 부분적인 것은 사라집니다. 내가 어릴 때에는,

Meditations for the Newly Married

사랑에는 거짓이 없어야 합니다. 악한 것을 미워하고, 선한 것을 굳게 잡으십시오. 형제의 사랑으로 서로 다정하게 대하며, 존경하기를 서로 먼저 하십시오.
―로마서 12:9–10

말하는 것이 어린아이와 같고, 깨닫는 것이 어린아이와 같고, 생각하는 것이 어린아이와 같았습니다. 그러나 어른이 되어서는, 어린아이의 일을 버렸습니다. 지금은 우리가 거울로 영상을 보듯이 희미하게 보지마는, 그 때에는 얼굴과 얼굴을 마주하여 볼 것입니다. 지금은 내가 부분밖에 알지 못하지마는, 그 때에는 하나님께서 나를 아신 것과 같이, 내가 온전히 알게 될 것입니다. 그러므로 믿음, 소망, 사랑, 이 세 가지는 항상 있을 것인데, 그 가운데서 으뜸은 사랑입니다.

한 영화배우가 결혼은 사랑을 죽인다고 말했다고 한다. 그 증거로 그녀가 세 번 결혼한 사실을 들었다. 사랑의 개념을 얼마나 오도하는 말인가!

사랑이란 단어를 실은 백과사전이 별로 없는 것은 결코 이상하지 않다. 사랑의 정의를 내리려고 시도한 백과사전이 별로 없다는 뜻이다. 완전한 정의를 내리는 것도 거의 불가능하다.

이제껏 내린 사랑의 정의 가운데 최상의 것은 단연코 고린도전서 13장이다. 거기서 불과 몇 문장으로 내린 사랑의 정의는 비현실적인 연예계가 묘사한 사랑과 얼마나 다른지 모른다. 사랑은 은은한 달빛, 아름다운 목련, 또는 달콤한 음악에 불과한 것이 아니다. 참된 사랑은 타인과의 관계에서 행할 것 또는 행하지 않을 것으로 정의되어 있다. 이는 아가페 사랑이다.

이제 사랑의 특징을 자세히 살펴보자.

사랑은 <u>오래 참는다</u>. 사랑은 이해하고 기다릴 줄 안다. 사랑하는 이는 마찰이 가장 큰 부위를 미끄럽게 하려고 삶의 기계에 참는 사랑의 기름을 붓는다. 인내하는 사랑은 도울 위치에 있으려고 분노를 억제한다. 아우구스티누스는 언젠가 인내를 "지혜의 동반자"로 불렀다.

인내는 특히 사소한 골칫거리를 다룰 때 중요한 역할을 한다. 우리는 고통과 질병의 짐은 감당할 수 있는 데도 연필이 엉뚱한 곳에 있으면 인내심을 잃어버린다.

사랑은 <u>친절하다</u>. 친절은 상대방의 필요를 충족시키는 사랑이다. 서로를 인내의 눈으로 바라보라. 그리고 서로에게 친절의 귀로 경청하라. 친절은 곧 행동하는 사랑이다. 조셉 주베르트가 한 세기도 전에 말했듯이 "친절의 일부는 사람들을 과분하게 사랑하는데 있다."

사랑은 <u>시기하지 않는다</u>. 사랑은 그 자신의 몫과 상대방의 몫을 모두 기뻐한다. 남이 가진 것을 탐내지 않고 남의 것을 시샘하지 않는다. 사랑은 행동이나 말로 타인의 평판을 떨어뜨리지 않는다.

사랑은 <u>뽐내지 않는다</u>. 사랑은 그 자신의 위대함이나 선함을 과시하려고 하지 않는다. 스스로의 잘못을 경시하지 않고 강점을 자랑하지 않는다. 그리고 그 자신의 성공이나 중요성에 대해 떠벌리지 않는다.

 사랑은 무례하지 않다. 사랑은 자기보다 먼저 남을 생각한다. 속으로 타인의 감정을 먼저 생각하는 사려 깊음이 있다. 사랑은 결코 무례하지 않다. 타인의 삶 가운데 사랑에게 중요하지 않은 것은 하나도 없다.

 사랑은 자기이익을 구하지 않는다. 사랑은 그 자신의 지위나 명망에 대해 건방지지 않다. 오히려 상대방을 위해 자신의 권리와 심지어 목숨조차 포기할 준비가 되어 있다. 상대방을 사랑할 능력을 지닌 자는 사랑받는 것에 대해서는 관심이 덜하다.

 사랑은 쉽게 성내지 않는다. 사랑은 쉽게 짜증을 내거나 화내지 않는다. 사랑은 자기가 당한 상처나 모욕을 기억 속에 계속 간직하기를 거부한다. 또한 원망을 품지 않는다. 셰익스피어는 "변화가 생길 때 변하는 사랑은 사랑이 아니다"라고 썼다.

 사랑은 원한을 품지 않는다. 사랑은 의심하지 않는다. 의심은 곧 자유로운 정신을 질식시키고 영적인 힘의 원천을 마르게 하기 때문이다. 의심은 슬픔만 초래할 뿐이다. 신뢰는 쌓아올린다. 결혼이 시험을 받을 때는 신뢰로 대처해야 한다.

 사랑은 진리와 함께 기뻐한다. 사랑은 진리가 할 수 있는 일을 소중히 여긴다. 잘못을 반복하는 것을 즐거워하지 않는다. 사랑은 진리를 나눌 기회를 찾는다.

 사랑은 모든 것을 참는다. 사랑은 사랑하는 자의 염려를 품기 위해 그의 짐 아래 몸을 굽힌다. 빛 가운데서 광채를 잃어버리는 별처럼 사랑은 어둠 속에서 가장 잘 빛난다.

　사랑은 언제나 바란다. 사랑은 일부 사람이 의심을 해도 타인에 대한 믿음을 버리지 않는다. 사랑은 타인의 깊은 실패감과 좌절감을 공감한다.

　사랑은 언제나 견딘다. 사랑은 타인을 위해 행동하고 견디는 것으로 살아간다.

　사랑은 결코 없어지지 않는다. 어떤 상황에 처하든지 사랑의 길을 추구하라. "사랑은 어떻게 행동할까? 사랑은 무엇을 할까?"하고 물으라. 사랑은 결코 없어지지 않는다.

　　　―― 아 사랑의 창시자여, 우리 속에 사랑받고픈 욕구와 사랑하는 능력을 심어주셔서 감사합니다. 우리의 모든 판단과 생각을 사랑으로 연단해주시고, 우리 마음이 사랑을 보고, 사랑을 받고, 사랑을 베풀 준비가 되게 해주소서. 아멘.

　사랑은 참고 또 친절하다;
　사랑은 질투하지 않고 자랑하지 않는다.
　사랑은 예의 바르게 행동하고
　사랑은 자기를 생각하기에 앞서 남을 생각한다.
　사랑은 짜증내지 않고 원한을 품지 않는다.
　사랑은 자기가 당한 상처나 모욕을 기억 속에 계속 간직하기를 거
　　부한다.
　사랑은 불의를 기뻐하지 않고 정의를 즐거워한다.

Meditations for the Newly Married

사랑은 모든 것을 견디고, 모든 것에서 최선을 믿고, 모든 것을 참
 을 만한 힘을 준다.
사랑은 결코 구식이 되지 않고 끝나지 않는다.
-고린도전서 13:4-8의 의역

네 종류의 사랑

창세기 24장을 읽으라.

아브라함은 이제 나이가 많은 노인이 되었다. 주님께서는, 아브라함이 하는 일마다 복을 주셨다. 아브라함이 자기 집 모든 소유를 맡아 보는 늙은 종에게 말하였다. "너의 손을 나의 다리 사이에 넣어라. 나는 네가, 하늘의 하나님, 땅의 하나님이신 주님을 두고서 맹세하기를 바란다. 너는 나의 아들의 아내가 될 여인을, 내가 살고 있는 이 곳 가나안 사람의 딸들에게서 찾지 말고, 나의 고향, 나의 친척이 사는 곳으로 가서, 거기에서 나의 아들 이삭의 아내 될 사람을 찾겠다고 나에게 맹세하여라." 그 종이 아브라함에게 물었다. "며느님이 되실 여인이 저를 따라오지 않겠다고 거절하면, 어떻게 해야 합니까? 제가 주인어른의 아드님을 데리고, 주인께서 나오신 그 고향으로 가야 합니까?" 아브라함이 그에게 말하였다. "절대로 나의 아들을 그리로 데리고 가지 말아라. 주 하늘의 하나님이 나를 나의 아버지 집, 내가 태어난 땅에서 떠나게 하시고, 나에게 말씀하시며, 나에게 맹세하여 이르시기를 '내가 이 땅을 너의 씨에게 주겠다' 하셨다. 그러니 주님께서 천사를 너의 앞에 보내셔

Meditations for the Newly Married

나는 임의 것, 임이 그리워하는 사람은 나. －아가서 7:10

서, 거기에서 내 아들의 아내 될 사람을 데려올 수 있도록 도와주실 것이다. 그 여인이 너를 따라오려고 하지 않으면, 너는 나에게 한 이 맹세에서 풀려난다. 다만 나의 아들을 그리로 데리고 가지만은 말아라." 그래서 그 종은 손을 주인 아브라함의 다리 사이에 넣고, 이 일을 두고 그에게 맹세하였다.

그 종은 주인의 낙타 가운데서 열 마리를 풀어서, 주인이 준 온갖 좋은 선물을 낙타에 싣고 길을 떠나서, 아람나하라임을 거쳐서, 나홀이 사는 성에 이르렀다. 그는 낙타를 성 바깥에 있는 우물곁에서 쉬게 하였다. 해가 뉘엿뉘엿 지고 있었다. 여인들이 물을 길으러 나오는 때였다. 그는 기도하였다. "주님, 나의 주인 아브라함을 보살펴 주신 하나님, 오늘 일이 잘 되게 하여 주십시오. 나의 주인 아브라함에게 은총을 베풀어 주십시오. 제가 여기 우물곁에 서 있다가, 마을 사람의 딸들이 물을 길으러 나오면, 제가 그 가운데서 한 소녀에게 '물동이를 기울여서, 물을 한 모금 마실 수 있게 하여 달라' 하겠습니다. 그 때에 그 소녀가 '드십시오. 낙타들에게도 제가 물을 주겠습니다' 하고 말하면, 그가 바로 주님께서 주님의 종 이삭의 아내로 정하신 여인인 줄로 알겠습니다. 이것으로써 주님께서 저의 주인에게 은총을 베푸신 줄을 알겠습니다." 기도를 미처 마치기도 전에, 리브가 물동이를 어깨에 메고 나왔다. 그의 아버지는 브두엘이고, 할머니는 밀가이다. 밀가는 아브라함의 동생 나홀의 아내로서, 아브라함에게는 제수뻘이 되는 사람이다. 그 소녀는 매우 아리땁고, 지금까지 어떤 남자도 가까이하지 아니한 처녀였다. 그 소녀가 우물로 내려가서, 물동이에 물을 채워 가지고 올라올 때에, 그 종이 달려 나가서, 그 소녀를 마주 보고 말하였다. "이 물동이에 든 물을 좀 마시게 해주시오." 그렇게 하니, 리브가가 "할아버지, 드십시오" 하면서, 급히 물동이를 내려, 손에 받쳐 들고서, 그 노인에게 마시게 하였다. 소녀는 이렇게 물을 마시게 하고 나서, "제가 물을 더 길어다가, 낙타들에게도, 실컷 마시게 하겠습니다" 하고 말하면서, 물동이에 남은 물을 곧 구유에 붓고, 다시 우물로 달려가서, 더 많은 물을 길어 왔다. 그 처녀는, 노인이 끌고 온 모든 낙타들에게 먹일 수 있을 만큼, 물을 넉넉히 길어다 주었다. 그렇게 하는 동안에 노인은, 이번 여행길에서 주님께서 모든 일을 과연 잘 되게 하여 주시는 것인지를 알려고, 그 소녀를 말없이 지켜보고 있었다. 낙타들이 물마시기를 그치니, 노인은, 반 세겔 나가는 금 코걸이 하나와 십 세겔 나가는 금팔찌 두 개를 소녀에게 주면서 물었다. "아가씨는 뉘 댁 따님이시오? 아버지 집에, 우리가 하룻밤 묵어갈 수 있는 방이 있겠소?" 소녀가 노인에게 대답하였다. "저의 아버지는 함자가 브두엘이고, 할머니는 함자가 밀가이고, 할아버지는 함자가 나홀입니다." 소녀는 말을 계속하였다. "우리 집에는, 겨와 여물도 넉넉하고, 하룻밤 묵고 가실 수 있는 방

Meditations for the Newly Married

도 있습니다." 일이 이쯤 되니, 아브라함의 종은 머리를 숙여서 주님께 경배하고 "나의 주인 아브라함을 보살펴 주신 하나님, 주님을 찬양합니다. 나의 주인에게 주님의 인자와 성실을 끊지 않으셨으며, 주님께서 저의 길을 잘 인도하여 주셔서, 나의 주인의 동생 집에 무사히 이르게 하셨습니다" 하고 찬양하였다.

 소녀가 달려가서, 어머니 집 식구들에게 이 일을 알렸다. 리브가에게는 라반이라고 하는 오라버니가 있는데, 그가 우물가에 있는 그 노인에게 급히 달려왔다. 그는, 자기 동생이 코걸이와 팔찌를 하고 있는 것을 보고, 또 노인이 누이에게 한 말을 누이에게서 전해 듣고, 곧바로 달려 나와서, 우물가에 낙타와 함께 있는 노인을 만났다. 라반이 그에게 말하였다. "어서 들어가시지요. 할아버지는 주님께서 주시는 복을 받으신 분이십니다. 어찌하여 여기 바깥에 서 계십니까? 방이 준비되어 있고, 낙타를 둘 곳도 마련되어 있습니다." 노인은 그 집으로 들어갔다. 라반은 낙타의 짐을 부리고, 낙타에게 겨와 여물을 주고, 노인과 그의 동행자들에게 발 씻을 물을 주었다. 그런 다음에, 노인에게 밥상을 차려 드렸다. 그런데 노인이 말하였다. "제가 드려야 할 말씀을 드리기 전에는, 밥상을 받을 수 없습니다." 라반이 대답하였다. "말씀하시지요." 노인이 말하였다. "저는 아브라함 어른의 종입니다. 주님께서 나의 주인에게 크게 복을 주셔서, 주인은 큰 부자가 되셨습니다. 주님께서는 우리 주인에게 양 떼와 소 떼, 은과 금, 남종과 여종, 낙타와 나귀를 주셨습니다. 주인마님 사라는 노년에 이르러서, 주인어른과의 사이에서 아들을 낳으셨는데, 주인어른께서는 모든 재산을 아드님께 주셨습니다. 주인어른께서 저더러 말씀하시기를 '너는, 내 아들의 아내가 될 여인을, 내가 사는 가나안 땅에 있는 사람의 딸들에게서 찾지 말고, 나의 아버지 집, 나의 친족에게로 가서, 나의 며느리감을 찾아보겠다고 나에게 맹세하여라' 하셨습니다. 그래서 제가 주인어른에게 여쭙기를 '며느님이 될 규수가 저를 따라오지 않겠다고 하면, 어떻게 해야 합니까?' 하였습니다. 주인어른은 '내가 섬기는 주님께서 천사를 너와 함께 보내셔서, 너의 여행길에서 모든 일이 다 잘 되게 해주실 것이며, 네가 내 아들의 아내 될 처녀를, 나의 친족, 나의 아버지 집에서 데리고 올 수 있게 도와주실 것이다. 네가 나의 친족에게 갔을 때에, 그들이 딸을 주기를 거절하면, 나에게 한 이 맹세에서 너는 풀려난다. 그렇다. 정말로 네가 나에게 한 이 맹세에서 네가 풀려난다' 하고 말씀하셨습니다. 제가 오늘 우물에 이르렀을 때에, 저는 이렇게 기도하였습니다. '주님, 나의 주인 아브라함을 보살펴 주신 하나님, 주님께서 원하시면, 제가 오늘 여기에 와서, 하는 일이 잘 이루어지게 하여 주십시오. 제가 여기 우물곁에 서 있다가, 처녀가 물을 길으러 오면, 그에게 항아리에 든 물을 좀 마시게 해 달라고 말하고, 그 처녀가 저에게 마시라고 하면서, 물을 더 길어다가 낙타들에게도 마시게 하겠다고 말하면, 그가 바로 주님께서 내 주인의 아들의 아내로 정하신 처녀로 알겠습니다' 하고 기도하였습니다. 그런데 제가 마음속에 기도를 다 마치기도 전에, 리브가가 물동이를 어깨에 메고 나왔습니다. 그는 우물로 내려가서, 물을 긷고 있었습니다. 그래서 제가 그에게 '마실 물을 좀 주시오' 하였더니, 물동이를 어깨에서 곧바로

Meditations for the Newly Married

내려놓고 '드십시오. 낙타들에게도 제가 물을 주겠습니다' 하고 말하였습니다. 그래서 제가 물을 마셨습니다. 따님께서는 낙타에게도 물을 주었습니다. 제가 따님에게 '뉘 댁 따님이시오?' 하고 물었더니, 따님께서는 '아버지는 함자가 브두엘이고, 할아버지는 함자가 나홀이고, 할머니는 함자가 밀가입니다' 하고 말하였습니다. 저는 따님의 코에는 코걸이를 걸어 주고, 팔에는 팔찌를 끼워 주었습니다. 일이 이쯤 된 것을 보고, 저는 머리를 숙여서 주님께 경배하고, 제 주인 아브라함을 보살펴 주신 주 하나님을 찬양하였습니다. 주님은 저를 바른 길로 인도하셔서, 주인 동생의 딸을 주인 아들의 신부감으로 만날 수 있게 하여 주셨습니다. 이제 어른들께서 저의 주인에게 인자하심과 진실하심을 보여 주시려거든, 저에게 그렇게 하겠다고 말씀을 해주시고, 그렇게 하지 못하시겠거든, 못하겠다고 말씀을 해주시기 바랍니다. 그렇게 하셔야, 저도 어떻게 결정을 내려야 할지를 생각해 볼 수 있을 것입니다."

라반과 브두엘이 대답하였다. "이 일은 주님이 하시는 일입니다. 우리로서는 좋다거나 나쁘다거나 말할 수가 없습니다. 여기에 리브가가 있으니, 데리고 가서, 주님이 지시하신 대로, 주인 아들의 아내로 삼으십시오." 아브라함의 종은 그들이 하는 말을 듣고서, 땅에 엎드려 주님께 경배하고, 금은 패물과 옷가지들을 꺼내서 리브가에게 주었다. 그는 또 값나가는 선물을 리브가의 오라버니와 어머니에게도 주었다. 종과 그 일행은 비로소 먹고 마시고, 그 날 밤을 거기에서 묵었다.

다음날 아침에 모두 일어났을 때에, 아브라함의 종이 말하였다.

"이제 주인에게로 돌아가겠습니다. 떠나게 해주십시오." 리브가의 오라버니와 어머니는 "저 애를 다만 며칠이라도, 적어도 열흘만이라도, 우리와 함께 더 있다가 떠나게 해주십시오" 하고 간청하였다. 그러나 아브라함의 종은 그들에게 이렇게 대답하였다. "저를 더 붙잡지 말아 주십시오. 주님께서 이미 저의 여행을 형통하게 하셨으니, 제가 여기에서 떠나서, 저의 주인에게로 갈 수 있게 해 주시기 바랍니다." 그들이 말하였다. "아이를 불러다가 물어 봅시다." 그들이 리브가를 불러다 놓고서 물었다. "이 어른과 같이 가겠느냐?" 리브가가 대답하였다. "예, 가겠습니다." 그래서 그들은 누이 리브가와 그의 유모를 아브라함의 종과 일행에게 딸려 보내면서, 리브가에게 복을 빌어 주었다. "우리의 누이야, 너는 천만 인의 어머니가 되어라. 너의 씨가 원수의 성을 차지할 것이다." 리브가와 몸종들은 준비를 마치고, 낙타에 올라앉아서, 종의 뒤를 따라 나섰다. 그래서 아브라함의 종은 리브가를 데리고서, 길을 떠날 수 있었다. 그 때에 이삭은 이미 브엘라해로이에서 떠나서, 남쪽 네겝 지역에 가서 살고 있었다. 어느 날 저녁에 이삭이 산책을 하려고 들로 나갔다가, 고개를 들고 보니, 낙타 행렬이 한 떼 오고 있었다. 리브가는 고개를 들어서 이삭을 보고, 낙타에서 내려서 아브라함의 종에게 물었다. "저 들판에서 우리를 맞으러 오는 저 남자가 누굽니까?" 그 종이 대답하였다. "나의 주인입니다." 그러자 리브가는 너울을 꺼내서, 얼굴을 가렸다. 그 종이 이제까지의 모든 일을 이삭에게 다 말하였다. 이삭은 리브가를 어머니 사라의 장막으로 데리고 들어가서, 그를 아내로 맞아들였다. 이렇게 해서, 리브가는

Meditations for the Newly Married

이삭의 아내가 되었으며, 이삭은 그를 사랑하였다. 이삭은 어머니를 여의고 나서, 위로를 받았다.

그리스어에는 사랑에 해당하는 단어가 넷 있다. 첫 번째 단어는 에로스(eros)다. 에로스는 성적 사랑의 신체적 측면을 연상시킨다. 이는 누군가 우리를 즐겁게 할 때 느끼는 감정, 사랑스런 모습에 반응하는 욕망 내지는 성적 정념의 감정이다. 기본 요소는 욕망, 만족을 추구하는 소유에의 의지이다. 이는 상대방 속에 있는, 갖고 싶은 무언가를 본다. 만일 상대방이 바람직하지 않은 방식으로 행동하거나 반응하면, 이 사랑은 차가워지고 소통과 관심이 사라지기 때문에 쉽게 이기적이 되거나 얄팍해질 수 있다.

두 번째 단어는 스테르고(stergo)이다. 이는 "배려하는" 사랑이다. 우리가 타인에게 품는 자연스러운 사랑이다. 우리는 사람들을 인류의 일부로 사랑한다. 우리가 다함께 밀접하게 묶여있음을 인식하므로 우리 속에 늘 존재하는 감정이다. 우리는 서로에게 의존해 있고 서로에게 빚을 지고 있다. 우리가 공동의 인류와 하나라고 느끼기에 생기는 자연스러운 인간 사랑이다. 우리는 창조세계에서 동류의식이 있어서 타인에게 일어나는 일에 관심을 갖는다.

필로(philo)는 사랑을 가리키는 세 번째 단어이다. 이는 "나누는" 사랑이다. 이 단어는 "애정"을 뜻한다. 상대방에게서 발견하는 즐거움 때문에 마음에서 우러나는 사랑이다. 사랑하는 이는 사랑받는 이 안에서 자아가 반영된 모습을 본다. 이는 공동 관심사, 공동의 매력, 많은 것의 공유, 서로의 몸을 나누는 데서 절정에 달하는 공유 등에 기초를 둔다.

마지막 단어는 아가페(agape)이다. 이는 사랑받는 이의 고귀함 때문에 마음에서 우러나는 사랑이다. 이는 "주는" 사랑, 사랑받는 사람의 유익을 위해 스스로 희생을 감수하는 사랑이다. 그런 사랑은 받기보다는 주려고 한다. 아가페 사랑은 보답을 요구하지 않고 계속 사랑한다.

남편과 아내는 서로에게 네 종류의 사랑을 모두 품어야 한다. 그러나 아가페가 우세하지 않다면, 아가페가 다른 모든 사랑을 통제하지 않는다면, 앞의 세 가지 사랑은 결혼생활의 난관을 도무지 감당할 수 없을 것이다. 에로스와 스테르고와 필로가 아가페로 대치되기보다는 우리 관계의 모든 측면에 스며드는 아가페에 의해 통제되고 풍요롭게 된다고 할 수 있다.

성경은 남편과 아내 사이의 사랑에 관해 말한다. 그 사랑은 주로 성적 정념으로 표현되는 에로스, 서로를 부양할 의무로 표현되는 스테르고, 또는 공동 관심사로 표현되는 필로가 아니라, 우리가 우리 자신의 안녕이 아니라 상대방의 안녕을 구하도록 삶의 모든 영역을 통제하는 아가페이다. "나는 임의 것, 임이 그리워하는 사람은 나"(아가서 7:10).

사랑은, 많은 이들이 알다시피, 욕구 내지는 애정, 즉 본능이나 감정에 중심을 둔 그 무엇이다. 기독교적 사랑은 거기에 깊이를 더했다. 즉 감정뿐만 아니라 의지까지 포함하고, 안쪽으로 본인의 만족을 들여다보기보다 바깥쪽으로 사랑받는 이를 바라본다.

그래서 사랑의 뜻은 아름다운 얼굴, 느낌, 모습, 또는 꽃 이상의 것이다. 기쁘게 상대방을 위해 수고하는 기나긴 날의 노동이다. 사랑은 우리가 상대방을 위해 우리 자신을 잊을 때까지 우리 자신을 소모하는 것이다. 참된 사랑은 흥정하지 않는다. 그 사랑은 축복하기를 간절히 바란다.

이런 사랑은 상대방을 즐겁게 하려고 기쁘게 자아를 죽이기 때문에 크나큰 난관도 잘 견뎌낸다. 이 같은 사랑은 우리가 배우면서 살아가는 과정이다. 이는 평생을 요구하고 또 평생 동안 견딜 것이다. 이런 의미에서 "참된 사랑은 평생이 낳은 잘 익은 열매"라는 라마르틴의 말이 옳다. 결혼생활을 오래토록 영위한 어떤 사람은 사랑을 이렇게 정의했다. "사랑이란 당신이 이제까지 누군가와 함께 겪은 삶이다."

> 그런데 선한 목자여, 사랑이란 무엇인가요?
> 그것은 비가 섞인 햇빛이오. (월터 롤리 경)

──── 아 사랑의 하나님이여, 우리가 날마다 결혼생활의 책임을 수행할 때 신실하게 되도록 은혜를 베푸소서. 편협한 마음을 버리고 허세를 부리지 않게 하소서. 일상적인 의무를 지겨운 일이 아닌 헌신과 즐거움의 행위로 여길 만한 사랑을 부어주소서. 일상 업무를 당신을 믿고 서로를 신뢰하는 자세로 떠맡는 법을 가르쳐주소서. 아멘.

사랑은 식물이다

에베소서 4:25-32를 읽으라.

그러므로 여러분은 거짓을 버리고, 각각 자기 이웃과 더불어 참된 말을 하십시오. 우리는 서로 한 몸의 지체들입니다. 화를 내더라도, 죄를 짓는 데까지 이르지 않도록 하십시오. 해가 지도록 노여움을 품고 있지 마십시오. 악마에게 틈을 주지 마십시오. 도둑질하는 사람은 다시는 도둑질하지 말고, 수고를 하여 [제] 손으로 떳떳하게 벌이를 하십시오. 그리하여 오히려 궁핍한 사람들에게 나누어 줄 것이 있게 하십시오. 나쁜 말은 입 밖에 내지 말고, 덕을 세우는 데에 필요한 말이 있으면, 적절한 때에 해서, 듣는 사람에게 은혜가 되게 하십시오. 하나님의 성령을 슬프게 하지 마십시오. 여러분은 성령 안에서 구속의 날을 위하여 인치심을 받았습니다.
모든 악독과 격정과 분노와 소란과 욕설은 모든 악의와 함께 내버리십시오. 서로 친절히 대하며, 불쌍히 여기며, 하나님께서 그리스도 안에서 여러분을 용서하신 것과 같이, 서로 용서하십시오.

Meditations for the Newly Married

형제의 사랑으로 서로 다정하게 대하며, 존경하기를 서로 먼저 하십시오.
-로마서 12:10

　동화에서는 아름다운 공주와 멋진 왕자의 이야기가 "그리고 그들은 이후에 행복하게 살았다"라는 말로 끝난다. 그러나 현실에서는 결혼관계가 결혼식 이후의 삶에 따라 성공하기도 하고 실패하기도 한다.
　결혼은 마법이 아니다. 목회자도 마법사가 아니다. 결혼생활은 서로를 끌어당길 수도 있고 서로를 떠밀 수도 있다. 어느 의미에서 혼인증명서는 평생의 행복 보증서보다 임시 운전면허증에 더 가깝다.

　사랑은 결혼 초기에 심어진다. 이제 그 사랑은 양육이 필요하다. 두 사람이 서로 사랑한다고 해서 성공이 보장되는 것은 아니다. 그렇다고 사랑이 자동으로 자라거나 강한 상태로 유지되는 것은 아니다.
　몰리에르는 "사랑은 결혼의 열매"라고 말했다. "결혼은 사랑의 결과라기보다 사랑할 기회이다"라고 표현한 작가도 있다.
　사랑을 당연시하면 안 된다. 사랑은 관성으로 움직이지 않는다. 연애 시절에 사랑을 키우는데 예의, 단정함, 친절, 사려 깊음이 꼭 필요했다면, 결혼관계에서도 이런 행습이 사랑을 보존하고 심화시킨다. 이런 작은 것들이야말로 자발적으로 우러나는 사랑의 증거일 수 있다. 이런 것들이 없으면 상호관계에 차가운 기운이 스며든다. 그러므로 결혼 이전에 보여줬던 존경이 결혼 후에도 유지되어야 한다. 그렇게 하려면 훈련과 결단-사랑하겠다는 의지-이 필요하다. "나는 더 이상 사랑할 수 없다"라고 말하는 사람은 "나는 더 이상 사랑할 의지가 없다"라고 시인한 셈이기 때문이다.

하나님은 우리를 사랑할 대상으로 만드셨으나, 우리가 사랑스럽고 이타적인 존재가 될지 여부는 우리만 결정할 수 있다. 결함이 없는 사람은 하나도 없다. 그리고 중요한 점은 우리가 결함을 갖고 있다는 게 아니라 결함을 어떻게 하느냐 하는 것이다. 남자는 아내의 한두 가지 결함은 보면서도 많은 강점에는 눈이 멀 수 있다. 예컨대, 아내의 요리 실력에 대해 불평하면서도 부엌에서 돕기를 거부할 수 있다. 아울러 그녀가 멋진 동반자이자 부지런한 살림꾼이며 헌신적인 아내라는 사실을 늘 보지 못할 수도 있다.

여자는 남편이 문손잡이에 옷을 거는 것이 신경에 거슬릴 수 있다. 이런 사소한 것 때문에 아내는 남편이 온유하고 친절하며 가족 부양을 위해 힘쓰고 있다는 사실을 놓쳐버릴 수 있다.

사랑은 지속적인 돌봄이 없으면 죽는 식물이다. 반면에 신중하게 배양하면 향기로운 꽃과 풍성한 열매를 맺는다. 참된 사랑은 느낌이기보다는 상대방을 배려해 일상적인 의무를 신실하게 수행하는 것이다.

언젠가 갈등이 심한 가정에 관한 글을 읽은 적이 있다. 긴장이 쌓이다가 마침내 남편과 아내가 진정한 사랑이 아직도 존재하는지 의문을 제기했다. 어느 날 아내에게 "나에게 특별한 사랑의 감정은 없어도 사랑이 시키는 대로 한번 해보면 어떨까?"라는 생각이 문득 떠올랐다.

Meditations for the Newly Married

그녀는 모든 방법을 동원해서 가정생활의 이모저모에 사랑을 보여주기 시작했다. 남편이 좋아하는 특별 음식을 준비했다. 차림새도 단정하게 꾸몄다. 남편에게 하루일과에 대해 물어봤다. 그녀에게 일어난 좋은 일을 남편과 나누었고, 남편이 집에 있을 때는 그녀도 여유롭게 되도록 계획을 짰다.

남편은 아내를 칭찬하고 또 그 자신도 단정하게 가꾸는 것으로 반응을 보였다. 식사 후에 설거지도 하고 아내가 좋아하는 연주회에 데려가기도 했다. 아내의 말을 잘 경청하고 자기의 경험과 바람을 얘기해주기도 했다.

갑자기 둘 다 무언가 일어나고 있음을 직감했다. 더 이상 사랑을 의심하지 않게 되었다. 이 부부는 사랑이 수동적이지 않고 능동적임을 배웠다. 오래 지속되는 사랑은 결혼식 날 품었던 사랑이 아니라 일상에서 사랑의 의무를 수행함으로 자라나는 사랑이다.

오늘날 많은 심리학자는 감정이 행동 변화에 따라온다고 믿는다. 감정이 먼저 생기지 않는다는 뜻이다. 그런즉 "나는 사랑을 못 느껴" 또는 "나는 더 이상 저 사람을 사랑할 수 없어"라고 말하는 사람은 사실상 "나는 사랑하지 않겠어"라고 말하는 셈이다.

제임스 러셀 로웰은 사랑을 이렇게 묘사했다.

> 사랑은 이 평일 세계의 일상을
> 손에 손을 잡고 함께 걷는 것.

셰익스피어는 이렇게 썼다.

그들은 그들의 사랑을 보여주지 않는 것을 사랑하지 않는다.

────── 아 뛰어난 정원사여, 당신의 손길이 닿으면 변화가 일어나서 감사합니다. 우리 부부의 약점을 만져주셔서 당신의 능력을 보여주시길 기도합니다. 우리의 강점을 만지셔서 공유하게 하시고, 당신과 서로를 더 잘 섬기는 법을 우리에게 보여주소서. 이만큼 우리를 인도한 사랑을 만지셔서 그 사랑이 점점 자라 당신의 사랑을 더욱 닮게 하소서. 아멘.

복 있는 결혼은
일 년 사계절 내내
기쁨과 사랑의 씨앗 가득 심은
정원과 같은 것.

복 있는 결혼은
심은 씨앗마다 자라나서
풍성한 열매를 맺나니
그 정원을 보는 사람
그 풍성함 알게 되리.

Meditations for the Newly Married

행복한 가정을 만들기 위한 원칙

1. 둘 다 동시에 화내지 말라.
2. 과거의 실수로 상대방을 비웃지 말라.
3. 초창기 행복했던 시간을 잊지 말라.
4. 만날 때는 늘 사랑으로 환영하라.
5. 서로에게 일방적으로 말하지 말라.
6. 집에 불이 나지 않는 한 서로 고함을 치지 말라.
7. 자주 상대방의 바람에 양보하려고 노력하라.
8. 자기 부인(否認)을 매일 실천할 목표로 삼으라.
9. 분노나 불만을 해가 지기 전에 풀어라.
10. 타당한 부탁을 두 번 반복하게 만들지 말라.
11. 상대방을 깎아내리는 발언을 공공연하게 하지 말라.
12. 기대가 충족되지 않아 한숨 짓지 말고 최선을 다하라.
13. 잘못한 것이 확실하지 않으면 흠을 잡지 말라. 그럴 때라도 늘 사랑으로 말하라.
14. 집을 떠날 때는 상대방이 생각할 만한 사랑의 말을 꼭 남겨라. 아침에 불친절한 말을 하면 하루가 길어진다.
15. 하늘에 더 가까워지려면 이타적이 되려고 경쟁하라.
16. 무슨 잘못이든 그것을 자백하고 용서를 받으라.
17. 부부가 서로 도우며 똑바른 좁은 길을 걷기 전에는 절대로 만족하지 말라.

–무명씨

제14일

사랑은 양육이 필요하다

윌리엄 제닝스 브라이언(19세기 말과 20세기 초의 미국 정치인)은 초상화를 그리도록 포즈를 취하고 있었다. 화가가 "당신은 왜 머리카락이 그토록 깁니까?"하고 물었다.

"아내와 연애할 때 아내는 삐죽 튀어나온 내 귀의 모습을 싫어했어요"하고 그가 대답했다. "그래서 그녀를 기쁘게 하려고 머리카락을 길러 귀를 덮게 한 것입니다."

"그런데 그건 오랜 전이었잖아요"하고 화가가 말했다. "이제는 머리카락을 잘라야 한다고 생각하지 않나요?"

"왜요?"하고 브라이언이 놀라서 물었다. "로맨스가 여전히 진행 중이거든요."

사랑을 양육할 필요성은 결코 끝나지 않는다. 결혼은 로맨스의 시작이지 끝이 아니다. 아내는 사랑을 위해 사랑을 받기를 갈망한다. 아내는 여전히 애정으로 따스해지고 날마다 남편의 마음과 팔에 안기고 싶어 한다. 배우자가 사랑을 고백할수록 사랑은 자라게 된다. "여보, 사랑해"하고 거듭거듭 고백하면 그 사랑은 양육되고 강해진다.

남편은 사랑한다고 말하는 것을 잊기 쉽다. 한 여성이 인터뷰를 하

Meditations for the Newly Married

> 나 주가 먼 곳으로부터 와서 이스라엘에게 나타나 주었다. 나는 영원한 사랑으로 너를 사랑하였고, 한결같은 사랑을 너에게 베푼다. −예레미야서 31:3

면서 자기 욕구를 이렇게 표현했다. "애무가 경력보다 낫다"고. 아내의 얼굴에 미소를, 아내의 눈에 사랑의 빛을 그치지 않게 하는 것은 남편의 몫이고 거꾸로도 마찬가지다.

아내와 남편은 서로의 일에 관심을 보이고 함께하는 시간을 가짐으로써 부부사랑을 계속 키워가야 한다.

"대다수 남성은 아내를 사랑하고 싶은 만큼만 사랑하지 아내가 사랑받고 싶은 만큼 사랑하진 않는다." 클라크 엘지의 말이다. "대다수 아내는 남편을 격려하고 싶은 만큼만 격려하지 남자가 격려받고 싶은 만큼 격려하진 않는다."

헨릴 워드 비처는 이런 현명한 말을 했다. "당신의 사랑과 온유함이 담긴 대리석 박스를 당신의 친구들이 다 죽을 때까지 봉인한 채 두지 말라. 당신의 삶을 향기로움으로 가득 채우라. 인정하는 말과 유쾌한 말을 하되 그들의 귀가 들을 수 있는 동안, 그들의 마음이 채워질 수 있는 동안 해라." 이는 특히 남편과 아내에게 적용된다.

물론 결혼 초기의 낭만적인 사랑이 계속 이어질 것으로 기대할 수는 없다. 사랑이 배양되면 내적 만족과 안정을 초래하는 깊은 사랑으로 자라게 된다.

　20대의 사랑이 30대에는 적합하지 않을 것이다. 40대가 되면 감정이 다를 것이다. 사랑은 끊임없이 변한다. 사랑하는 능력은 어린 시절부터 자라난다. 그리고 사랑은 무한히 성장한다.

　사랑은 배워야 할 어떤 것이다. 사랑은 이해와 공동관심사란 토대 위에 세워져 있다. 사랑은 감사와 칭찬으로 함께 결합되어 있다. 사랑의 건물은 동지애와 지속적인 적응으로 유지되고 개선된다. 사랑은 사려 깊고 친절한 행동과 말로 아름다워진다.

　이밖에도 사랑을 배양하는 방법이 여럿 있다. 첫째, 날마다 함께 있는 시간을 즐기라. 많은 사람은 미래를 계획하다 오늘을 잊고 만다. 나날이 배우자와 함께하는 시간을 즐기는 것을 습관으로 삼으라. 바로 지금이 사랑할 시간임을 기억하라. 우리가 오늘, 지금 사랑하지 않으면 결코 사랑을 경험하지 못하리라.

　둘째, 부부 관심사를 많이 개발하라. 많으면 많을수록 더 좋다. 공동관심사가 가장 많은 부부가 결혼생활에 성공할 확률이 가장 높다. 결혼관계는 동반자와 동지로서 모든 의무와 기쁨에 동참할 때 성장하게 된다.

　일단 결혼하면 이기적이 되기가 무척 쉽다. 아마도 남편이 아내를 배반하고 다른 여자에게 붙을 생각은 하지 않을 것이다. 하지만 밤중에 클럽에 다니고 스포츠를 즐기는 등 이런저런 흥미에 빠져 아내를 소홀히 할 수 있다.

　우리가 함께 즐길 만한 일을 많이 계획하면 사랑을 키우게 된다. 삶의 세세한 부분을 더 많이 공유할수록 기쁨이 더욱 커지기 마련이다.

셋째, 서로 나눌 수 있는 개별적 관심사를 개발하라. 아내가 독서와 친구관계를 즐기면 남편의 지식에 도움을 주고 삶에 풍미를 더할 수 있다. 이와 비슷하게, 남편이 일상적인 경험을 나누면 아내의 이해력을 증진시킬 수 있다. 그런 나눔은 격려가 되고 힘을 북돋운다.

그러므로 결혼은 일상적인 일을 공유함으로써 사랑을 키우는 성품 배양 학교가 될 수 있다.

―― 아 영원한 사랑의 주님이여, 당신이 주신 선물들은 영구적인 것이라서 감사합니다. 우리가 친밀한 결혼관계를 통해 시대를 초월하는 진리를 사랑하고, 역경을 뛰어넘는 평안을 추구하고, 어려운 환경을 극복할 수 있는 기쁨을 발산하도록 도와주소서. 사랑을 키우려면 사랑을 배양하는 작은 것에 신경 써야 한다는 것을 결코 잊지 않게 하소서. 아멘.

예의를 지키라

베드로전서 3:1-12를 읽으라.

아내가 된 이 여러분, 이와 같이 여러분은 자기 남편에게 순복하십시오. 그리하면 비록 말씀에 복종하지 않는 남편일지라도, 말을 하지 않고도 아내 여러분의 행실로 말미암아 구원을 얻게 될 것입니다. 그들이 여러분의 경건하고 순결한 행실을 보고 그렇게 될 것입니다. 여러분은 머리를 꾸미며 금붙이를 달거나 옷을 차려 입거나 하여 겉치장을 하지 말고, 썩지 않는 온유하고 정숙한 마음으로 속사람을 단장하도록 하십시오. 그것이 하나님께서 보시기에 값진 것입니다. 전에 하나님께 소망을 두고 살던 거룩한 여자들도 이와 같이 자기를 단장하고, 자기 남편에게 순복하였습니다. 사라가 아브라함을 주인이라고 부르면서 그에게 순종하던 것과 같습니다. 여러분은 선을 행하고, 아무리 무서운 일도 두려워하지 않으니, 사라의 딸이 된 것입니다. 남편이 된 이 여러분, 이와 같이 여러분도 아내가 여성으로서 자기보다 연약한 그릇임을 이해하고 함께 살아야 합니다. 그리고 생명의 은혜를 함께 상속받을 사람으로 알고 존중하십시오. 그리해야 여러분의 기도가 막히지 않을 것입니다.

주 하나님이 말씀하셨다. "남자가 혼자 있는 것이 좋지 않으니, 그를 돕는 사람, 곧 그에게 알맞은 짝을 만들어 주겠다." 주 하나님이…여자를 만드시고, 여자를 남자에게로 데리고 오셨다. —창세기 2:18, 22

마지막으로 말합니다. 여러분은 모두 한 마음을 품으며, 서로 동정하며, 서로 사랑하며, 자비로우며, 겸손하십시오. 악을 악으로 갚거나 모욕을 모욕으로 갚지 말고, 복을 빌어 주십시오. 여러분으로 하여금 복을 상속받게 하시려고, 하나님께서 여러분을 부르셨습니다. "생명을 사랑하고, 좋은 날을 보려고 하는 사람은 혀를 다스려 악한 말을 하지 못하게 하며, 입술을 닫아서 거짓말을 하지 못하게 하여라. 악에서 떠나, 선을 행하며, 평화를 추구하며, 그것을 좇아라. 주님의 눈은 의인들을 굽어보시고, 주님의 귀는 그들의 간구를 들으신다. 그러나 주님은 악을 행하는 자들에게서는 얼굴을 돌리신다."

어느 대도시의 신문사는 언젠가 그곳 전화 회사의 교환원들이 "제발"이란 말을 사용하는 바람에 하루에 125시간을 잃고 있다고 추정했다. 하지만 선의로 얻는 것이 그 시간을 쓸 만큼 가치가 있다고 믿고 그들에게 계속 사용하라고 요청했다.

공손한(courteous)이란 단어는 '왕에게 어울리는'(kingly)이란 단어, 즉 궁전의 예의범절에서 나온 것이다. 공손한 말은 사랑으로 채색되어 있다. 그것은 애정이 유발한 행위이다.

　많은 결혼관계에 가장 필요한 것은 좋은 예절이다. 한 저자에 따르면, "남편이나 아내, 또는 양자가 예의가 없는 것이 결혼생활에서 -말다툼과 분리는 아닐지언정- 차갑고 소원한 관계를 초래하는 원인의 80퍼센트를 차지한다."

　결혼했다고 해서 결혼 이전의 예의범절을 버려도 되는 것은 아니다. 오히려 그런 예절이 가정의 향기를 만드는데 필요하다. 결혼 동반자는 특별한 예의를 받을 자격이 있다. 누군가 결혼생활에서 기적을 낳은 세 가지 말은 '죄송해요', '제발', 그리고 '고마워요'라고 한다.

　예의를 갖추거나 칭찬할 시간이 없는 결혼관계는 불평할 시간을 갖게 될 것이다. 미소를 지을 시간이 없는 결혼관계는 찡그릴 시간을 가질 터이고, 달콤하고 사랑스런 말을 할 시간이 없는 결혼관계는 거칠고 비판적인 말을 할 시간만 찾게 될 것이다. 우리는 과연 어떤 종류의 결혼관계를 원하는지 결정할 필요가 있다. 우리는 공손하기로 선택하고 첫날부터 공손의 훈련을 실시해야 한다.

　나는 헨리 드러먼드가 내린 예절의 정의를 좋아한다. "사소한 일에서의 사랑." 사랑은 "제발(please)"이라고 말한다. 이 작은 단어는 다른 사람의 친절을 인정하기 때문이다. 사랑은 "고마워요"라고 말한다. 이는 상대방에 대한 감사를 표현하기 때문이다. 사랑은 "죄송해요"라고 말한다. 이는 타인의 존엄성을 인정하기 때문이다. 사랑은 자그마한 친절을 베풀고 또 그런 것을 수용한다. 상호의존이 필요함을 알기 때문이다. 예의가 없으면 사랑은 그 광채와 아름다움을 잃고 만다.

　예의는 우리가 서로에게 품는 존경과 감사를 가리킨다. 누구나 고

맙다는 말을 듣기 원한다. 결혼관계는 감사의 물을 주면 꽃을 피우게 된다.

그리고 좋은 예절이 든든하고 행복한 가정에서 많이 지켜지는 것은 이상하지 않다. 예의범절은 아마 당신의 수명을 늘릴 것이다.

예절은 오해를 덜어주고 또 풀어준다. 진심으로 "미안해요" 또는 "죄송해요"라고 말해서 심각한 문제가 풀린 적이 적지 않다. "마음에 근심이 있으면 번민이 일지만, 좋은 말 한 마디로도 사람을 기쁘게 할 수 있다"(잠언 12:25). 성급하게 말하고 싶을 때는 "공손하라"는 권면을 기억하라.

그뿐만 아니라 우리가 연인으로부터 "제발" 또는 "고마워요"라는 말을 들으면 일상 업무가 손쉬워지고 우리의 일에 보람을 느끼게 된다. 에머슨은 "인생은 짧지만 언제나 예의를 표명할 시간은 있다"고 말했다.

예의와 공손함은 사랑을 표현하는 중요하고도 기본적인 통로이다. 예의는 무례함을 표현하는 말과 행동을 피한다. 많은 경우에 남편이나 아내의 사랑이 조롱이나 비꼬는 말, 또는 비하하는 말 때문에 감소되고 말았다. 우리가 친구들에게(또는 자녀들에게도) 자기 배우자에 관한 비판적인 말을 하면 상처를 줄 수 있다.

예의가 있다면 남들 앞에서 개인 또는 가족의 웃기는 사건을 얘기해서 누군가를 농담거리나 웃음거리로 만들지 않을 것이다. 그런 것은 선한 의도로 했더라도 상처를 줄 수 있다. 신랄한 말은 항상 결혼관계를 약화시킨다. 놀리는 것은 적대감의 특징이다. 사랑의 말은 마음을 따스하게 하지만, 부주의하고 불평하는 말은 정신을 꺾어버린다.

예절은 곧 타인의 사생활을 존중하는 것이다. 타인의 편지를 뜯지 않는 것, 타인의 지갑에 손을 대지 않는 것, 화장실을 열기 전에 노크하는 것 등은 타인의 존엄성을 존중하는 단순한 예의범절이다.

결혼관계보다 더 품위가 필요한 경우는 없다. 결혼은 더 낮은 수준으로 떨어져도 괜찮은 면허가 아니다. 남편이 아내에게 사려 깊고 예의를 지키면 아내는 위신이 서고 안정감을 느낀다. 여성의 경우 남편에게 공손한 말과 행동을 통해 존경심을 나타내는 것이 여성다운 미덕이다.

다른 어떤 관계보다 결혼관계에서 예의가 더 중요하다는 점을 명심하라. 결혼하는 날에 기사도의 날이 끝나고 노예의 날이 시작되는 것이 아니다. 결혼 이전의 교제는 결혼을 위한 준비작업일 뿐 아니라 결혼을 보존하기도 해야 한다. 예의가 교제할 때 중요했듯이, 결혼생활에서도 예절은 영혼을 비춰주고, 태도와 성품을 드러내며, 고상함을 반영한다.

─── 주님이여, 당신의 자비와 사랑이 아침마다 새로워서 감사합니다. 누군가 우리에게 호의를 부탁할 때 퉁명스러워지거나 짜증을 내지 않게 도와주소서. 우리에게 서로를 도울 기회가 왔을 때 까다롭게 굴었던 것을 용서하소서. 우리도 당신을 닮아가면서 사랑과 자비로 충만해지도록 도와주소서. 아멘.

Meditations for the Newly Married

복 있는 결혼은
각 배우자가
친절의 열쇠를 곁에 둔 채
낙담과 외로움의 문을
모두 열어젖히는 관계

복 있는 결혼은
많은 이를 잘못된 길에서 돌이키고
배우자의 마음에 들어갈 입구를
찾게 되리.

사소한 일

어제 튼튼한 나무 한 그루가 땅에 쓰러졌다. 전날만 해도 똑바로 서 있었고 겉모습은 든든하게 보였다. 그 늙은 나무는 수백 년 동안 묘목으로 서 있었다. 번개를 맞은 적도 많았다. 폭풍과 지진과 태풍도 그 나무를 쓰러뜨리지 못했다. 그런데 조그마한 딱정벌레들이 나무껍질 아래서 구멍을 뚫기 시작했다. 그 놈들은 나무 중심에 파고들어 그 강대한 섬유를 먹어치웠다. 이 작은 곤충들이 숲속의 거인을 넘어뜨린 것이다. 결혼관계를 세우거나 깨뜨리는 것은 사소한 일이다.

대다수 결혼관계에서 분열이 시작되어 커지는 것은 작은 짜증 때문이다. 짜증나게 하는 자그마한 일들이 엄청난 불화로 변해 두 연인을 찢어놓을 수 있다. 다른 한편, 사소한 사랑의 행위와 말이 친밀함과 매력을 만들어 갈수록 더 둘을 묶어줄 수 있다.

삶은 대체로 작은 것들로 이뤄져 있다. 그런데 위대함의 옷을 입고 있는 것은 그 작은 것들이다. 삶의 작은 것들이 우리를 기쁘게 또는 슬프게, 사랑스럽게 또는 추하게, 사려 깊게 또는 무례하게 만든다. 그래서 어느 누구도 작은 것을 무시하면 사랑을 키울 수 없다.

한 번의 손길, 미소, 진심어린 칭찬, 포옹이 놀라운 효과를 발휘할

Meditations for the Newly Married

작은 일의 날이라고 멸시하는 자가 누구냐? －스가랴서 4:10(개역개정)
지극히 작은 일에 충실한 사람은 큰 일에도 충실하고... －누가복음 16:10

수 있다. "감사해요"란 한 마디가 큰 보상을 받는다. 돕겠다는 제안, 신중하게 고른 작은 선물, 좋아하는 꽃 등은 탄탄하고 만족스러운 결혼관계를 세우는 삶의 재료들이다. "당신을 사랑해"와 "미안해"와 같은 말은 관계를 풍성하게 만드는 반면, 이런 말이 없으면 불신과 둔감함이 스며들게 된다.

남편과 아내가 점점 멀어지는 것은 함께 일 년을 살았든, 삼십 년을 살았든 일상에서 말과 행동으로 사랑을 표현하지 않았기 때문이다. 우리가 날마다 얼굴을 맞댄다고 해서 놀랄만한 일을 계획하지 말란 법이 있는가? 연애관계를 계속 유지하면 영구적인 사랑이 싹튼다는 것을 기억하라.

누군가 어린 시절의 추억을 이렇게 흥미롭게 들려주었다. "내가 어렸을 때는 아버지와 어머니가 굉장히 어려운 역경을 겪었습니다. 그런데 내 머릿속에는 가정생활이 얼마나 아름다운 추억으로 남아있는지 모릅니다. 아버지가 무척 은혜로운 분이라서 그 역경도 가볍게 보였지요.

"아침 일찍 아빠가 나가 장미 정원에서 제일 아름다운 장미 봉오리를 찾곤 했어요. 그 봉오리를 식탁의 엄마 자리에 둬서 엄마가 아침식사를 하러 나오면 눈에 띄게 했습니다. 잠깐의 시간과 가슴 가득한 사랑만 있으면 되었죠. 아빠가 엄마 의자 뒤에 서 있다가 엄마가 장미를 집어들 때 아침 키스를 선사하면 그날 하루가 아름답게 장식되었지요. 아침에 일어날 때 괜히 기분이 나빠 짜증난 얼굴로 식탁에 오는 아이조차 자그맣게 표현된 사랑의 아름다움에 감동을 받아 부끄러움을 느끼곤 했어요."

많은 결혼이 의미를 상실하는 것은 큰 일 때문이 아니라 작은 일이 너무 많이 축적되어서다. 남편이 아내를 잊거나 당연시하면 아내는 예민한 꽃처럼 시들고 만다. 아내가 남편에게 관심과 감사를 표명하지 않으면 남편은 무관심해지고 만다.

M A 켈리는 이렇게 썼다. "습관적으로 베푼 작은 친절, 작은 예의, 작은 배려는…큰 재능과 업적의 과시보다 그 인물에게 더 큰 매력을 부여한다."

물론 약간의 성가심, 심해지는 매너리즘, 그리고 부주의한 행동은 행복한 관계를 해친다는 것도 말해야겠다. "당신은 항상" 또는 "당신은 절대로"와 같은 표현은 쓰지 않도록 조심하라. 이는 가시 돋친 말이다. 그리고 날카롭고 불공정한 뜻을 갖고 있다.

다른 한편, 줄리아 카니는 이렇게 쓴다.

> 친절한 작은 행동, 작은 사랑의 말
> 저 위의 하늘처럼 땅을 행복하게 만든다.

하루가 끝날 무렵 아내가 남편에게 짓는 미소, 남편이 아내에게 베

Meditations for the Newly Married

푸는 키스와 다정한 말은 가장 어두운 실망과 시련의 날에도 최선을 다할 수 있게 해준다. 작은 일은 뒤로 밀리기 쉽다. 그러나 작은 일을 꾸준히 실행하면 불필요한 마음고생을 방지하고 천국이 바로 여기에 있음을 알 수 있다.

──── 아 하나님이여, 우리 마음을 높은 희망들로 채워주셔서 감사합니다. 우리가 그 희망들을 건성으로 성취하려고 하지 않도록 도와주소서. 우리의 힘을 얄팍하고 피상적인 것을 위해 쓰지 않도록 해주소서. 사랑과 하나됨을 세우는 작은 것을 말하고 행하는 일에 신실하도록 도와주소서. 그리고 우리가 날마다 영구적 가치를 지닌 것을 조금씩 더 배우도록 인도하소서. 아멘.

복 있는 결혼은
배우자들이
몸에 상처 주는 칼을 혐오하듯
마음을 찌르는
악의의 단도와 불친절한 말을 피하는 관계

복 있는 결혼은
상처를 치유하는 습관을 배우고
성급한 말로 인한 슬픔을
모면하게 되리.

제17일

용납의 기술

"결혼생활에서 겪는 대다수 불행이 치유될 수 있는 길이 있다. 바로 각 사람이 다른 사람을 변화시킬 수 없고 다만 그 자신은 항상 변화시킬 수 있음을 깨닫는 것이다." 어느 결혼 상담사의 입에서 나온 이 말은 행복에 이르는 비결을 담고 있다. 결혼생활에 잘 어울리는 토대는 서로를 있는 그대로 용납하는 것이기 때문이다.

행복한 결혼은 두 사람의 운명적 만남이기보다 실패와 차이에도 불구하고 끈질기게 상호 헌신의 길을 걷는 것이다. 우리는 우리가 완전하지 않다고 고백한다. 그런데도 우리 배우자의 삶에서 불완전한 모습을 보고 깜짝 놀라는 것은 이상한 노릇이다.

당연히 불완전하다! 그렇다고 환멸을 느낄 필요는 없다. 결혼식은 각자에게 "좋든 나쁘든" 상대방을 있는 그대로 용납하도록 요구한다. 중요한 점은 배우자를 변화시키려고 애쓰는 것이 아니라 용납하는 것이다. 다른 사람을 변화시키려는 욕망은 주로 염려와 사랑이 아니라 이기심과 미움에서 생기는 것이다.

물론 어떤 이들은 결혼한 뒤에 상대방을 변화시킬 생각을 품고 결혼한다. 그러나 결혼식은 남편과 아내의 근본적인 성격을 결코 변화

Meditations for the Newly Married

그러므로 여러분은 사랑을 받는 자녀답게, 하나님을 본받는 사람이 되십시오. 그리스도께서 여러분을 사랑하셔서, 우리를 위하여 하나님 앞에 향기로운 예물과 제물로 자기 몸을 내어주신 것과 같이, 여러분도 사랑으로 살아가십시오. -에베소서 5:1-2
이제 나는 너희에게 새 계명을 준다. 서로 사랑하여라. 내가 너희를 사랑한 것 같이, 너희도 서로 사랑하여라. -요한복음 13:34

시키지 못한다. 그런즉 개조하려는 접근을 취하지 말라. 그런 노력은 거의 성공하지 못하고, 성공한다 해도 그 결과가 무척 의심스럽다. 오히려 본인의 태도를 변화시키고 용납의 정신을 품는 것 밖에는 바랄 것이 없다.

어떤 차이점은 항상 존재할 것임을 인식하는 게 좋다. 남편과 아내는 자연스레 여러 문제에 달리 접근하기 마련이다.

기본적인 차이점을 이해하지 못하면 긴장과 마찰을 초래할 수 있다. 반면에 상대방을 개조시키려 하지 않고 사랑으로 서로를 용납하면 강한 유대를 세울 기회를 얻게 된다. 왜냐하면 남편과 아내는 차이점으로 말미암아 서로를 보완하기 때문이다. 감정이 없는 이성은 생명력이 없고, 이성이 없는 감정은 무력하다. 우리는 비슷하게 되라는 부름을 받지 않았다. 오히려 상대방의 부족한 점을 메워주라는 도전을 받았다.

따라서 우리는 "나는 본래 이런 사람"이라는 판에 박힌 변명을 하면 안 된다. 그 대신 함께 하나님이 원하는 그런 모습이 되도록 애써야 한다. 이는 당신이 흠모하는 특성을 개발하라는 부름이자 도전이다.

폴 호위는 『오늘날의 성과 종교』에서 이렇게 쓴다. "많은 결혼관계의 어려움과 불행은 배우자들이 그들의 한계와 그 의미를 용납하지 못해서 생긴다. 그 대신, 그들 자신을 오직 하나님만 도달할 수 있는 이상형에 갖다 대곤 한다."

나는 한 어린 소년이 내린 친구의 정의(定義)를 좋아한다. "당신에 관한 모든 것을 알면서 당신을 변함없이 좋아하는 사람." 참된 연인 역시 당신에 관한 모든 것을 알면서 당신을 점점 더 사랑하는 사람이다.

결혼이란 배우자를 있는 그대로 보고 또 이해하며 그 모습 그대로 사랑하는 것이다. 우리의 첫 번째 의무는 상대방을 행복하게 하는 것이지 선하게 만드는 것이 아니다.

우리가 상대방을 고상하게 하는 것은 사랑으로만 가능하다. 사랑은 감춰진 자질을 끌어낼 수 있다.

―― 아 주님이여, 우리가 서로를 온전히 용납하도록, 그리고 일상적인 일을 훌륭하게 수행함으로써 우리의 사랑을 보여주도록 가르쳐주소서. 우리가 사랑하고 섬기도록 도와주시되 개인적인 희생을 작게 보게 하시고 섬기는 기회를 기쁘게 활용하도록 해주소서.

Meditations for the Newly Married

복 있는 결혼은
많은 친구관계를 맺고
하나님과 타인을 위해
선행을 베풀기로 헌신하는 관계

복 있는 결혼은
세상의 필요가 새겨진
넓은 창문을 통해 인생을 보고
희생적인 섬김이 각인된
편안한 현관으로부터 인생을 보게 되리.

복 있는 결혼은
인생은 움켜쥠으로
가난하게 되고
인생은 나눠줌으로
부유하게 된다는 것을 알게 되리.

배려하는 동반자

두 사람이 같은 집에 살면서 날마다 같은 식탁에서 음식을 먹어도 큰 외로움을 느낄 수 있다. 이상하게 들릴지 몰라도, 연인들은 결혼한 뒤에도 연애시절처럼 동반자관계를 계속 개발할 필요가 있다. 윌리엄 흄은 "불륜은 보통 동반자관계로 시작된다"고 말한다. 연인들이 자기네 계획, 즐거움, 바람, 희망, 일, 애정을 친밀하게 나누는 법을 배우지 못하면 금방 지루해진다.

그러므로 배려하는 동반자가 된다는 것은 본인에게 속한 배우자의 인격에 총체적이고 배타적으로 참여한다는 뜻이다. 결혼은 신체적, 심리적, 지적, 사회적, 영적 차원에서 함께하도록 요구한다. 옛 해석자들은 여자가 남자를 군림하도록 남자의 머리에서, 또는 남자의 노예가 되도록 남자의 발에서 취해지지 않고 남자의 옆구리에서 취해진 것은 삶의 모든 영역에서 그의 동반자임을 상징한다고 해석했다. 이는 정확한 해석일 뿐 아니라 그 이상의 진실을 담고 있다.

그런즉 연인의 삶은 정열과 황홀경이 전부가 아니고 삶의 모든 의무와 기쁨에 함께하는 동반자로 서로를 배려하는 것이다. 일상적인 일을 함께 수행하면 지루함이 사라지고 애정이 깊어진다. 가장 하찮은 일도 사랑의 수고가 될 수 있다. 단조로운 일이라도 할 수 없이 하

> 주 하나님이 말씀하셨다. "남자가 혼자 있는 것이 좋지 않으니, 그를 돕는 사람, 곧 그에게 알맞은 짝을 만들어 주겠다." —창세기 2:18

는 일이 아니라 사귐을 돈독히 하는 행위가 되면 거룩함을 덧입게 된다.

섹스, 부모노릇, 또는 일만으로는 결혼관계를 유지할 수 없다. 가까운 동반자관계를 개발하지 못한 부부들은 자녀들이 다 성장하거나 본인들이 은퇴하면 가정이 텅 비게 되는 것을 발견했다. 뜻 깊은 결혼생활을 영위하려면 복잡한 일상에서 동반자관계를 유지해야 한다. 사랑하는 사람과 기쁨과 슬픔을 나누면 기쁨은 배가되고 슬픔은 반감된다는 옛 경구는 진실이다.

동반자관계는 서로 공유하는 관심사에 바탕을 둔다. 서로에 대한 감사의 표현보다 동반자관계를 더 풍요롭게 하고 격려하는 것은 없다. 다른 한편, 헐뜯는 말과 흠만 잡는 비판보다 더 빨리 파멸에 이르는 길은 없다. 깔아뭉개는 말은 분위기를 오염시키고, 마음에 해독을 끼치며, 분리와 마음고생의 멍석을 깔아준다. 반면에 배려는 헐뜯는 말을 피하고, 판단과 격한 말과 차가운 침묵을 낚아챈다.

상대방의 일에 자부심을 느끼는 남편과 아내는 서로에게 더 큰 위상과 안정감을 부여한다. 대체로 남자가 하는 일의 질에는 아내의 감화가 반영된다. 아내는 좋은 평가를 받으면 얼마든지 최선을 다할 수 있다. 존경과 좋은 평가는 다음과 같은 말로 표현된다. "당신의 모습이 너무 사랑스러워," "정말 잘 말했어," "음식이 참 맛있었어," "집안이 깨끗해졌네."

비판적인 분위기가 짙어지면 결국 견딜 수 없게 되듯이, 감사의 마음이 깊어지면 동지애와 기쁨이 심화된다.

일부 심리학자들은 완벽하게 조화되는 두 사람은 없다고 강한 어투로 말한다. 적어도 우리는 조화롭게 태어나지는 않았다. 이는 우리가 배려해야 한다는 뜻이다. 우리가 행복한 동반자관계를 누리려면 서로에 대한 사랑으로 우리의 삶을 계속 개편해야 한다는 뜻이다.

삶이 개선되려면 크고 작은 변화가 항상 필요하다. 동반자관계가 더 깊어지려면 더욱더 하나가 되기 위해 무엇이 바뀔 필요가 있는지 줄곧 생각해야 한다. 그렇지 않으면 문제가 발생한다.

"별난 커플"이란 연극에서 자기네 아내들과 살 수 없는 두 남자가 함께 살기로 결정한다. 각자는 결혼할 때 가져갔던 것과 똑같은 습관과 기벽과 성질을 가져온다. 막이 내리자 그 남자들은 아내들을 떠나게 된 바로 그 이유 때문에 헤어지고 있다. 어느 편도 동반자관계를 유지하기 위해 기꺼이 변할 생각이 없었다.

우리가 비록 큰 차이점이 있을지라도 배려를 실천하면 가까운 동반자가 될 수 있음을 기억하라.

———— 아 하나님이여, 우리 속에 동반자관계를 유지할 역량을 만들어주소서. 우리를 온갖 허세와 편협함에서 해방시켜주소서. 우

Meditations for the Newly Married

리를 하나님과 서로에게서 멀어지게 하는 욕망에서 구출하소서. 우리로 더 가까운 동반자관계를 맺게 하는 모든 것을 흠모하게 하소서. 모든 관계에서 우리의 고집을 덜 부리고 진정한 사랑은 풍성하도록 인도하소서. 아멘.

복 있는 결혼은
만족감을 사물이나 재산에서 찾지 않고
친절과 동지애의 보고(寶庫)에서 찾는 관계

복 있는 결혼은
은혜를 순금보다 더 귀하게 여겨
순금과 반짝이는 것이 모두 사라져도
영원히 남을 풍성한 상급을
거두리.

제19일

서로 적응하라

싱글의 삶에서 결혼으로 이동하는 데는 몇 분밖에 걸리지 않는다. 본인의 습관과 시야를 결혼생활에 적응시키는 데는 남은 생애 전체가 걸린다.

결혼생활에서 가장 중요한 시기는 처음 몇 년이다. 이혼으로 끝날 확률이 가장 높은 기간은 첫 5년이다. 일부 사람들은 첫 일 년을 "환멸의 기간"이라고 부른다. 어쩌면 "적응의 기간"이라고 부르는 편이 더 나을 듯하다.

두 사람이 완벽하게 똑같은 경우는 없다. 우리는 자기 나름의 감정과 행위와 생각의 패턴을 지닌 독특한 개개인이다. 환경과 배경이 다르다. 좋아하는 것과 싫어하는 것도 다르다. 이는 좋은 점이다. 만일 모두 닮았거나, 모두 비슷한 배경을 갖고 있거나, 모두 비슷하게 반응한다면 무척 따분할 것이다.

그런데 이런 다양성은 흥미를 불러일으키고 바람직하지만 문제를 발생시키기도 한다. 어떤 이들은 결혼생활에 실패할까봐 너무 염려한 나머지 모든 부부가 부딪히는 문제를 시인하지 않으려고 한다. 이 때문에 고통을 당한다. 하지만 침묵을 지킨다고 문제가 해결되는 것은 아니다.

Meditations for the Newly Married

명철한 사람에게는 그 명철함이 생명의 샘이 되지만... 잠언 16:22

그러면 어떻게 해야 할까?

첫째, 우리는 문제를 솔직히 직면하고 차이점을 정상적인 것으로 인정해야 한다. 이것이 성숙함의 특징이다. 그래서 우리가 꿈속에 살려고 애쓰기보다 이타적으로 함께 차이점을 직면할 때 더 빨리 행복을 찾게 되리라.

차이점에 대해 얘기하라. 보는 눈이 서로 다를 수 있다. 그러나 어려움을 함께 직면하면 그것도 기쁜 것이 될 수 있다.

적응하려면 시간이 필요하다. 평생 걸릴 수도 있다. 여러 영역에서 서로 적응하는데 상당한 기간이 걸린다 해도 그것을 실패로 간주하지 말라. 연구조사에 따르면, 기혼 부부의 약 절반만 돈 문제에 처음부터 잘 적응했다고 한다. 처음부터 성적인 만족을 누린 부부도 절반 정도이다. 10퍼센트는 20년 이상이 걸린다고 한다. 적응과 관련해 던질 질문은 "누가 옳은가?" 또는 "무엇이 옳은가?"가 아니라 "우리가 어떻게 함께 나아질 수 있을까?"이다.

어떤 성품과 성격은 결혼 초기에 처음 드러난다. 아울러 어떤 결함, 특이한 습관, 취향, 기질도 처음 겪게 된다. 많은 것이 달빛에는 비슷해 보여도 햇빛에는 다르게 보일 수 있다. 신혼부부에게 주어진 도전은 두 개의 인생을 하나의 고상한, 더 강한, 더 충만한, 더 깊은, 더 풍성한 인생으로 융합하는 것이다.

쟁점을 솔직히 직면한다는 것은 크든 작든 온갖 차이점에 대해 함께 얘기한다는 뜻이다. 그렇다고 결혼생활을 논쟁의 장(場)으로 만든다는 뜻은 아니다. 그러나 우리가 얘기하고 경청하는 시간을 가질 때까지는 상대방의 관점을 이해할 수 없다. 작거나 큰 관심사에 대해 함께 얘기하는 것이 성숙함의 특징이다.

기꺼이 타협하라. 어려움을 야기하는 많은 것은 실로 행복에 꼭 필요하지 않다. 어떤 것은 이렇게 해도 좋고 저렇게 해도 무방하다. 그것이 50 대 50의 명제가 된다면, 양보해도 잃을 게 별로 없고 오히려 얻는 것이 많을 수 있다.

유머 감각을 개발하라. 그냥 질질 끌면 짜증을 유발할 수 있는 사소한 사건이나 실수를 웃음으로 날려버릴 수 있는 가정은 행복하다. 눈물샘 대신에 유머 감각을 키우라. 윌리엄 새커리는 "좋은 웃음은 집안의 햇볕이다"라고 썼다. 성경은 "즐거운 마음은 병을 낫게 하지만, 근심하는 마음은 뼈를 마르게 한다"(잠언 17:22)고 한다. 우리의 길이 방해를 받을 때 계속 울겠다고 고집하면 우리는 결국 홀로 울게 될 것이다.

날마다 떠오르는 새벽을 진정시키고픈 희망과
결코 죽지 않는 믿음과 함께
나에게 웃음의 선물을 달라고

Meditations for the Newly Married

한숨 대신 웃음을 달라고
오 나는 기도하노라. (엘리자베스 데이비스 리처즈)

끝으로, 합의하는 영역들을 찾으라. 그런 영역들은 강화되어야 하고 그럴 수 있다. 대다수 부부는 중요한 사안들에 대해 의견이 일치하는 편이다. 말다툼을 일으키는 것은 사소한 결정들이다. 겉으로는 의견이 달라도, 사랑과 인내로 하나됨을 찾으면 그 저변에 하나됨이 있다.

그러므로 결혼은 강한 영혼들을 위한 시험의 장(場)이다. 결혼은 다른 어떤 관계보다 더 큰 성장의 기회를 열어준다.

——— 아 하늘에 계신 주님이여, 당신의 도움을 언제나 구할 수 있어서 감사합니다. 우리에게 시련이 닥칠 때, 끈기와 인내의 소중함, 진리의 영원함과 귀중함, 우리를 고양시키는 영원한 사랑의 특성을 결코 잊지 않게 하소서. 아멘.

용서하고 잊어라

한 남편이 "우리가 얘기하는 동안 내 아내가 역사적(historical)이 되었거든"하고 말했다. "히스테리를 부렸다는(hysterical) 뜻이지"하고 그의 친구가 바로잡았다. "아니, 역사적이 맞아. 여태껏 내가 행한 모든 것을 끌어냈거든"하고 그 남자가 대답했다.

로버트 루이스 스티븐슨은 "결혼한다는 것은 기록하는 천사를 가정에 영입하는 것이다"라고 말했다. 그 대신, 결혼 동반자들은 홀가분하게 용서하는 법을 배울 필요가 있다.

결혼식에서 그대들은 서로를 있는 그대로 받아들였다. 과거의 모습을 받아들인 것이 아니고 장차 서로에 대해 알게 될 바를 조건부로 삼아 받아들인 것도 아니다. 우리 중에 완벽한 삶을 영위하는 사람은 하나도 없으므로 우리 모두 용서가 필요하다. "우리가 우리에게 죄 지은 자를 용서한 것같이 우리의 죄를 용서하소서"라는 간구는 특히 남편과 아내에게 잘 적용된다. 양쪽 다 거듭해서 용서를 구하고 또 용서를 베풀 필요가 있을 것이다.

시인 카우퍼는 이렇게 썼다. "가장 친절하고 가장 행복한 부부는 참고 견딜 경우를 발견할 것이다. 그리고 날마다 불쌍히 여기고 어쩌면 용서할 무언가를 접하게 되리라."

Meditations for the Newly Married

서로 친절히 대하며, 불쌍히 여기며, 하나님께서 그리스도 안에서 여러분을 용서하신
것과 같이, 서로 용서하십시오. -에베소서 4:32
뒤에 있는 것은 잊어버리고... -빌립보서 3:13

"나를 용서해주세요"란 말은 모든 가정에서 자주 사용되어야 한다.
물론 진심으로 그렇게 말할 필요가 있다.

> 여전히 상호간의 인내 속에
> 참된 삶의 비밀이 있기 때문에.

> 인색한 사랑은
> 용서의 향기로움을
> 결코 알지 못하는 사랑이라.

"결혼의 사귐 전체는 궁극적으로 용서에 기반을 둔다"고 데이비드 메이스가 『하나님이 짝지워 주신 사람』이란 책에서 말한다. "용서할 능력이 없는 두 사람은 부부로서 함께 살아낼 수 없다. 이 때문에 법정은 결혼 문제를 다루는데 그토록 서투르고 그토록 무력한 것이다. 법이란 것은 처벌을 범죄에 맞추는 균형 잡힌 공의, 그리고 위법과 징벌과 관련이 있다…그러나 결혼생활이 어느 의미로든 하나의 관계로 남아있는 한, 그것은 전혀 다른 원리에 의거해 영위되어야 한다. 바로

회개와 용서의 원리이다."

　두 번째 단계는 잊을 준비를 갖추는 것이다. 실수를 잘 기억하는 것은 무거운 짐을 만드는 악덕이다. 상처받은 감정이나 생각을 마음에 품고 있으면 도무지 행복을 바랄 수 없다. 그 무엇보다 결혼생활에서는 우리가 과거에 살 수 없기 때문이다.

　그런데 많은 결혼이 실패하는 것은 과거의 실수를 자꾸 들먹이기 때문이다. 우리는 왜 남의 실수를 입에 담는가? 우리가 저지른 실수를 직면하지 않기 위해서다. 유치하게 다른 사람에게 손가락질을 해서 우리의 잘못을 정당화하거나 회피하기 위해서다.

　우리가 함께 행복해지고 싶으면 용서하고 잊어버리는 훈련을 배워야 한다.

　우리는 "뒤에 있는 것은 잊어버리고" 앞으로 나아간다. 결혼생활에서 우리 자신을 어제의 실수나 작년의 실패에 묶이도록 허용할 수 없다. 지나간 것은 지나간 것이 되어야 한다. 과거의 실수를 가리키는 것은 오도된 의리 의식일 뿐이다. 다리를 불태워야 하는데, 이는 하나님의 도움으로 가능하다.

　"나는 당신이 행한 짓을 기억하오," "나는 당신이 내뱉은 말을 기억하오"와 같은 한 마디는 상처를 줄 수 있을 뿐이다. 전혀 도움이 안 된다. 스펄전은 이렇게 멋지게 말한다. "사랑은 어느 잘못 앞에서 손가락을 그 입술에 붙인 채 서 있다."

　　　── 아 연민이 많으신 주님이여, 상대방의 실수를 잊기는 너무 어렵고 그의 실패와 잘못을 상기시키려고 손가락질하기가 너무

Meditations for the Newly Married

쉽습니다. 그리스도께서 용서하듯 우리가 용서하고, 당신이 우리의 실패를 잊어버리듯 상대방의 실패를 잊어버려 당신을 점점 더 닮아가도록 서로 돕게 하소서. 아멘.

꿈과 현실 사이에서

"내가 남편을 그토록 잘못 판단했다는 것이 가능한 얘기인가?" 결혼한 지 며칠 만에 한 아내가 내뱉은 말이다. 어느 부부든지 언젠가 이런 심정을 토로한 적이 있을 것이다. 결혼생활을 하다보면 배우자의 매력을 포착할 뿐 아니라 숨은 결점도 알게 된다.

결혼한 후에는 우리가 그 이전에 기대했던 부부의 역할을 수정하지 않으면 안 된다. 이제 우리가 기대치를 훨씬 낮춰야 한다는 뜻이기보다는 결혼생활이 꿈처럼 계속 이어지지 않는 현실을 직면해야 한다는 뜻이다. 결혼은 좋을 때나 나쁠 때나 함께하는 관계이다. 그리고 우리는 스스로 늘 최고의 바람에 도달할 수는 없다는 사실을 인정한다. 그런즉 배우자에게도 완벽한 모습을 기대하지 말자.

살다보면 매력적인 성품과 성질을 처음 발견할 수 있다. 또한 상상도 못했던 결점, 특이한 습관과 취향과 기질이 분명히 보이기도 한다. 그렇다고 낙담하지 말라. 바로 여기서 사랑이 그 훌륭한 능력을 발휘해 두 삶을 융합시켜 더 강하고, 더 충만하고, 더 깊고, 더 풍성한 삶을 빚어내는 것이다.

여태껏 완벽한 결혼은 단 하나도 없었다는 사실을 알라. 행복한 결

Meditations for the Newly Married

> 기이한 일이 셋, 내가 정말 이해할 수 없는 일이 넷이 있으니, 곧 독수리가 하늘을 날아간 자취와, 뱀이 바위 위로 지나간 자취와, 바다 위로 배가 지나간 자취와, 남자가 여자와 함께 하였던 자취이다. -잠언 30:18-19

혼은 많았으나 완벽하게 딱 맞는 결혼은 없었다는 말이다.

알렉산더 포프는 "그들이 연애시절에는 꿈을 꾸지만 결혼하면 잠에서 깨어난다"고 썼다. 우리는 잠에서 깨어나 초기에 부딪히는 문제로 놀라서 당황할 수 있다. 사랑하는 남편과 아내라도 무례해지고 야비해질 수 있음을 알게 된다. 결혼이란 진짜 남자와 여자로 이뤄지기 때문이다. 각 사람은 두려움과 결함과 실패를 안고 있는 존재이다.

결혼생활에서 우리는 현실적이 되어야 한다. 아무도 자기가 꿈꾸던 완벽한 사람과 결혼하지 않는다. 최초의 실패는 그 무엇이든 쓰라린 실망을 초래할 수밖에 없다. 그리고 결혼 초기의 이 지점에서 결혼관계는 진정한 시험대에 오른다. 부부가 실망을 어떻게 다루기로 하는지가 그 결혼의 중요한 관건이다. 지금이야말로 상대방을 있는 그대로 사랑하는 법을 배울 때이다.

H G 웰즈는 모든 남편과 아내에게 해당되는 글을 이렇게 썼다. "모든 결혼관계에는 남은 흥분상태를 다 가라앉히고-가면을 완전히 벗고- 환멸을 느끼며 서로를 직면해야 할 날이 온다." 예전에는 우리가 서로 최선의 모습을 보았다면, 지금은 서로 최악의 모습을 보게 된다. 이런 때는 진정 낭만과 거리가 멀다. 하지만 동시에 진정한 낭만의 출

발점이 될 수도 있다.

　부부가 바랐던 바를 모두 찾는 경우는 무척 드물다. 아무도 완벽하지 않기 때문에 결혼은 완벽함을 향해 달려가는 시기이다. 우리는 가장 이상적인 결혼관계를 놓지 않는 것이 필요하지만 점차 성장할 수 있는 불완전한 사람들이라는 사실을 유념해야 한다. 그러므로 서로를 현재의 모습 그대로 보는 한편 장차 될 수 있는 모습도 보는 것이 필요하다.

　연합이 더 친밀해지고 바람이 더 높을수록 실망감이 더 커질 것이다. 이 진실을 이해하지 못하면 굉장한 실망에 빠질 수 있고, 그 실망을 솔직히 직면하지 못하면 심한 외로움에 빠질 수 있다.

　연애시절에는 사랑이 차이점보다 유사점을 강조한다. 결혼을 하면 늘 가까이 있게 되므로 차이점이 더욱 극적으로 다가온다. 이런 때야말로 사랑을 실천할 시기이다. 부부에게 꼭 필요한 모토는 바로 다음과 같은 기도이다. "하나님, 제가 바꿀 수 없는 것을 받아들이는 평온함을, 제가 바꿀 수 있는 것을 바꾸는 용기를, 그리고 그 차이점을 알 수 있는 참 지혜를 주소서."

──── 아 모든 위로의 하나님이여, 주님이 늘 함께하시겠다는 약속을 인해 주님을 찬양합니다. 주님은 모든 것을 아십니다. 우리에게 뜻밖의 일에 대비할 강건함을, 해명되지 않은 일에 대처할 믿음을 주소서. 변화무쌍한 세상에서 영원히 남는 것들을 분명히 보고 귀하게 여기도록 도와주소서. 우리가 실패할 때마다 옥죄는 사슬로부터 해방시키셔서 주님의 명령에 더 잘 순종하게 하소서. 아멘.

Meditations for the Newly Married

참된 사랑은

하늘 아래 사람에게만 주신

하나님의 선물

그 사랑은

그 바람이 허락되는 순간 날아가고 마는

공상의 뜨거운 불이 아니니

그 사랑은

격렬한 욕망 속에 살지 않고

죽은 욕망과 함께 죽지 않는다.

그 사랑은 은밀한 동정,

은빛 연줄, 비단 끈이라

몸과 영혼 속에서

마음과 마음, 생각과 생각을 묶어주는 것.

-월터 스콧 경의 "호수의 숙녀" 중에서

행복의 길목에서

행복한 가정은 벽에 걸린 값비싼 그림이나 바닥에 깔린 정교한 카펫에 달려있지 않다. 명품이 행복을 만들어주지 않는다. 행복은 오직 나눠줄 때만 찾아온다. 온 창조세계에서 결혼만큼 행복을 주고 또 경험할 기회가 많은 곳은 없다.

차이점을 다루는 법

어느 결혼이든 남편과 아내는 많은 차이점이 있다. 습관과 사고방식이 다를 뿐 아니라 각각 다른 자질을 안고 태어나서 다른 가정에서 자라고 다른 영향을 받아 빚어졌기 때문이다. 이에 더하여 한 사람은 남성이고 다른 사람은 여성이다.

따라서 서로 차이점을 발견하는 것은 전혀 이상하지 않다. 그리고 상대방의 방식이 열등한 것도 아니다. 우리는 나름대로 일을 처리하는 방식, 음식과 의복, 음악과 예의 등에서 좋은 것과 싫은 것을 배우고 또 개발해왔다.

우리가 함께 배우기로 결심만 하면 그런 차이점은 새로운 차원을 더해줄 수 있다. 차이점은 또한 아름다움을 더해준다. 무지개가 여러 다른 색채 때문에 아름답게 될 수 있듯이 말이다.

그러면 차이점을 어떻게 다룰 것인가? 첫째, 차이점이 존재한다는 사실을 직면하라. 여러 잡지에는 부부가 잘 지내는 법에 관한 글이 많이 실린다. 어떤 글은 성공에 이르는 단계들이나 비결들을 제시한다. 또 어떤 글은 틀림없는 열 가지 규칙을 열거한다. 성공하는 법에 대한 이견은 있을 수 있지만 차이점이 존재하고 때때로 말다툼도 있을 것임은 누구나 동의한다. 어떤 커플은 "우리는 말다툼을 한 적이 전혀

Meditations for the Newly Married

그러나 위에서 오는 지혜는 우선 순결하고, 다음으로 평화스럽고, 친절하고, 온순하고, 자비와 선한 열매가 풍성하고, 편견과 위선이 없습니다. —야고보서 3:17
사랑은 오래 참고, 친절합니다. —고린도전서 13:4

없다"고 자랑한다. 이런 커플들은 그런 경험을 잊어버렸거나(이는 좋을 수 있다), 차이점을 솔직히 직면한 적이 없거나(이는 좋지 않다), 무슨 이유 때문에 거짓말을 하고 있다.

"결혼생활에서 차이점 중에 일부는…다른 성(性)이 너무도 쉽게 반대 성(性)이 된다는 사실에 기인한다"고 조지 스웨지가 말한다. "남자와 여자는 서로 다른 관점에서 사물을 보고, 깊이 지각(depth perception)을 제공하려면 두 개의 관점이 필요하다."

둘째, 결혼마다 그 나름의 특색이 있다는 것을 알라. 우리의 결혼을 다른 어떤 결혼과 같게 만들 수 있다고 상상하지 말라. 그것은 불공평하고 사실상 불가능하다. 그런 시도는 결국 다른 결혼의 바람직한 요소와 우리 결혼의 바람직하지 않은 요소를 비교하는 것으로 끝나고 만다. 그래서 다른 결혼의 설계를 동경하는 것은 한갓 백일몽에 불과하고 손해를 초래한다.

어느 가정에서는 아내가 마당을 청소하고 집안 수리를 책임진다. 다른 가정에서는 이런 방식이 맞지 않는다. 차이점이 있을 때는 비교하면 안 되고 무엇이 우리에게 가장 잘 맞는지 솔직하게 얘기하는 것이 좋다.

당신의 배우자 역시 독특하다. 상대방을 바꾸려고 하지 말라. 당신이 만일 당신의 아버지 또는 어머니 같은 사람을 원한다면, 당신은 아직도 남편이나 아내보다 부모가 필요한 것이다. 그런즉 당신의 남편을 당신의 아버지와, 당신의 아내를 당신의 어머니와 절대로 비교하지 말라. 가장 행복한 배우자는 최상급 사람과 결혼한 사람이 아니라 자기가 결혼한 사람을 최상급으로 만드는 사람이다. 우리는 "저 사람이 다르기만 했더라도!"하고 너무 자주 말한다. 이보다 더 중요한 질문은 "내가 달랐다면 어떨까?"하는 것이다.

영구적이고 만족스런 결혼은 하나의 환상일지 모른다. 자기 자신과 상대방을 좋든 싫든 일상에서 있는 그대로 받아들이는 일은 결코 쉽지 않다.

우리는 결혼생활이 너무나 멋질 것으로 오랫동안 꿈꿔왔다. 그런데 우리의 발은 여전히 옛 땅을 딛고 있다는 사실을 알게 된다. 그렇다면 무언가 잘못된 것일까? 물론 그렇지 않다. 결혼은 어떤 상태가 아니라 하나가 되는 과정이다. 우리는 과거의 패턴을 좇겠다고 고집할 수 없다.

셋째, 행복한 결혼은 각 배우자가 다른 배우자의 특정한 차이점에 기꺼이 적응할 때 가능해진다. 이것이 풍요로운 관계에 이르는 길이다. 상대방의 행복을 추구하는 데서 만족감을 느낀다면 행복한 결혼 관계의 기본 요건이 충족되는 셈이다.

―― 아 하늘에 계신 상담사여, 우리가 사랑의 지혜로 함께 성장

Meditations for the Newly Married

하게 도우소서. 서로의 필요를 인식하게 하시고, 온유해서 쉽게 말을 걸게 하시고, 진정한 사랑에서 나오는 자비와 좋은 열매가 가득하게 하소서. 실망할 때 까다롭게 굴지 않게 하소서. 낙담할 때에도 희망을 잃지 않고 서로 돕는 법을 가르쳐주소서. 이제는 아무것도 나아질 수 없다는 생각에서 벗어나게 하소서. 아멘.

복 있는 결혼은
잘못이 바로잡힐 것을 믿고
오늘 끈질기게 괴롭히는
현재의 문제들이
지나갈 것을 믿는 관계

복 있는 결혼은
해가 뜰 때마다
새로운 기회를 생각하고
시간이 바뀔 때마다
더 나은 앞날을 바라본다.

문제는 진보의 어머니다

로마서 12:17-21을 읽으라.

아무에게도 악을 악으로 갚지 말고, 모든 사람이 선하다고 생각하는 일을 하려고 애쓰십시오.
여러분 쪽에서 할 수 있는 대로 모든 사람과 더불어 화평하게 지내십시오. 사랑하는 여러분, 여러분은 스스로 원수를 갚지 말고, 그 일은 하나님의 진노하심에 맡기십시오. 성경에도 기록하기를 "'원수 갚는 것은 내가 할 일이니, 내가 갚겠다'고 주님께서 말씀하신다" 하였습니다.
"네 원수가 주리거든 먹을 것을 주고, 그가 목말라 하거든 마실 것을 주어라. 그렇게 하는 것은, 네가 그의 머리 위에다가 숯불을 쌓는 셈이 될 것이다" 하였습니다. 악에게 지지 말고, 선으로 악을 이기십시오.

"기억하세요. 결혼은 멋진 일이지만 당신의 문제를 하나도 풀어주지 못한다는 것을." 베테랑 설교자가 갓 결혼한 부부에게 한 말이다. 사실 풀어주게 되어 있지 않다. 두 사람이 결혼하면 그들의 문제점을

Meditations for the Newly Married

아무도 악으로 악을 갚지 말고, 도리어 서로에게, 모든 사람에게, 항상 좋은 일을 하려고 애쓰십시오. -데살로니가전서 5:15

합치는 셈이다. 이 때문에 결혼은 성숙한 사람을 위한 것이다. 어떤 부부들은 특정한 상황에 처하면 이혼으로 끝나지만 또 다른 부부들은 그것을 성숙과 더 나은 이해의 기회로 삼는다.

우리는 언젠가 결혼할 것으로 항상 기대했었다. 그날을 꿈꾸곤 했다. 반면에 오해, 재정 문제, 프라이팬에 새까맣게 탄 음식, 싱크대에 쌓인 더러운 식기들, 빨래바구니에 담긴 엄청난 옷들에 대해 꿈을 꾸진 않았다.

그렇다, 결혼은 인간관계 중에 가장 고상하고 가장 거룩하고 가장 행복한 관계이다. 또한 가장 어려운 관계이기도 하다. 두 연인이 함께 걷는 길은 낭만적이고 아름다울 뿐만 아니라 거칠고 험하기도 하다.

조지 스웨지는 이렇게 말한다. "한 사람을 유일한 참 사랑으로 만드는 것은 운명이 아니다. 그것은 삶이다…함께 겪은 역경들이다. 자녀들의 병상 위로 몸을 굽히는 것과 재정 문제로 고심하는 것이다. 수많은 잠자리 뽀뽀와 아침 인사, 바닷가에서 보낸 휴가와 어둠 속에서 나눈 대화이다. 존경심과 사랑에서 나오는 서로에 대한 경외이다"

문제들은 진보를 낳을 수 있다. 결혼관계에 새로운 차원을 더해주는 것은 기쁜 일보다 어려운 일이다. 그리고 함께 기꺼이 어려움을 겪겠다는 자세는 성숙함의 표시이다. 함께하는 삶을 강건하게 해주는 것은 더불어 겪는 씨름, 상호협력, 선을 추구하려 맞잡은 손이다.

> 그 가시밭길, 그 험악한 날씨가
> 우리의 영을 더 가까이 묶어주었네
> 슬픔의 유대가
> 한편이 다른 편을 더 귀하게 여기게 했네.
>
> 기쁨과 환희의 시간에 태어난 사랑
> 환희와 기쁨과 함께 사라질 수 있지만
> 더 어둔 시간이 낳은 사랑
> 아직도 우리가 더욱더 소중히 여기네. (버나드 바튼)

결혼식에서 신랑신부가 약속하는 일은 대단한 행위이고 하나의 정점이다. 그 약속은 당신이 그것을 재천명할 때에만 뛰어넘을 수 있다. 당신이 실패에 직면할 때 당신의 배우자는 이렇게 말한다. "그건 중요하지 않소. 내가 당신과 결혼한 것은 부유할 때와 가난할 때, 좋을 때와 나쁠 때를 위한 것이고, 앞으로 더 나아질 것임을 알고 있소." 당신의 아내가 병실에 누워있을 때 당신은 이렇게 속삭인다. "나는 당신이 아플 때와 건강할 때를 막론하고 항상 당신을 사랑하겠소."

그렇다, 모든 결혼은 하나같이 어려움과 문제에 부딪힌다. 그리고 각 파트너는 결혼의 특권들과 더불어 문제들도 받아들인다. 중요한

Meditations for the Newly Married

것은 어려움에 대해 의논하는 일이다. 이따금 폭풍이 몰아친다고 포기하지 말라. 오히려 계속해서 똑같은 방향을 바라보라.

이 점을 기억하라. 문제가 생길 때는 두 손을 들고 "이젠 끝이다"라고 말할 때가 아니라는 것. 오히려 소매를 걷어붙이고 "이건 시작이야"-더 큰 하나됨을 세우는 출발점이란 뜻-라고 말할 때이다. 필립스 브룩스는 이렇게 표현했다. "불을 끄는 방법은 열 가지나 되지만 도망하는 것은 그 중에 속하지 않는다."

길이 항상 아름다운 지역을 내려다보는 산마루를 통과하는 것은 아니다. 때로 인생의 길은 단조로운 먼지투성이 골짜기를 굽이굽이 지나간다. 그러나 가장 높은 산꼭대기에 도달하는 영광은 성별된 발걸음으로 피곤한 골짜기 길을 기꺼이 함께 걷는 이들에게만 주어진다.

―― 아 주 하나님이여, 우리에게 햇빛과 그늘을 모두 주셔서 감사합니다. 우리로 하여금 먹구름이 초래하는 선한 결과와 성장을 보도록 도와주소서. 그리고 상쾌한 소낙비는 맑은 하늘에서 떨어지지 않는다는 것을 알고, 당신을 사랑하는 이들에게는 곤경이 선으로 바뀔 수 있고 당신을 바라보는 이들에게는 곤경이 성장으로 변할 수 있음을 알게 하소서. 아멘.

함께하는 기쁨

결혼 상담사는 남편들이 모든 여가 시간을 술집이나 클럽에서, 또는 친구들과 스포츠를 즐기거나 즐겨 찾는 곳에서 보낸다는 슬픈 이야기를 듣곤 한다. 남편들도 아내들이 집 밖에서 친구들과 어울리는 등 온갖 취미 활동을 즐기느라 보기가 힘들다는 불평을 늘어놓는다. 이처럼 부부가 한 집에 살면서도 딴 세계에 몸담을 수 있다.

결혼생활이 성공하려면 당연히 함께해야 한다. '나'보다 '우리'가 먼저다. 그래서 결혼식에서 사용하는 단어도 '나'가 아니라 '우리'인 것이다. 가장 위험한 시기는 결혼한 지 네 번째, 다섯 번째, 또는 여섯 번째 되는 해가 아니다. 두 연인이 함께 놀고 계획하고 협력하는 일을 그만 둔 때이다.

데이트 기간과 신혼 때에는 커플이 서로를 충분히 보기가 어렵다. 그래서 본능적으로, 사랑하기 때문에 함께하고 싶은 욕망이 생긴다. 그리고 함께 무언가를 하게 된다.

그런데 결혼한 뒤에는 각자 자기 일로 바빠서, 특별한 주의를 기울이지 않으면 함께한다는 정신을 잃어버리기 쉽다. 성경에 따르면, 우리가 사랑의 법을 성취하는 길은 서로의 관심사를 나누고, 서로의 짐을 짊어지고, 서로를 너무 배려한 나머지 상호의존과 상호헌신의 관

Meditations for the Newly Married

> 여러분은 서로 남의 짐을 져 주십시오. 그렇게 하면 여러분이 그리스도의 법을 성취하실 것입니다. —갈라디아 6:2

계를 빚어가는 것이다.

보통은 일에 몰입하는 것이 함께하는 것을 위협하는 최대의 문제이다. 한 배우자가 비즈니스에 푹 빠져 있다가 피곤한 상태로 집에 온다. 그 때가 되면 다른 배우자는 동반자관계를 목말라 하다가 그들의 사랑에 문제가 생겼다고 느낀다.

이 지점에서 커플은 둘 사이가 벌어지게 내버려둘 수 있다. 한쪽이 자기연민에 빠져 상대방에게 바가지를 긁을 수 있다. 염려거리를 나누는 대신 늘 일만 하거나 집을 너무 많이 비우는 배우자에게 비난의 화살이 쏟아진다. 이렇게 분개하면 장벽이 쌓인다. 서로의 강점을 회복하고 협력하는 대신 서로를 피하기 시작하게 된다.

부부는 관심과 승인과 칭찬으로 서로를 지지한다면 서로에게 큰 격려의 근원이 될 수 있다. 커플은 더불어 특별한 순간을 보낼 시간이 필요하다.

그러면 함께한다는 것이 무슨 뜻인가? 서로를 위해 시간을 내는 사랑, 함께 조용하게 얘기하는 사랑, 또는 숲길을 걷는 사랑이다. 함께한다는 것은 부드러운 말을 하고 특별한 호의를 베풀기 위해 시간을 내는 것이다.

연애시절 우리는 서로 함께했던 순간이 가장 행복했다. 그래서 결혼생활도 함께하고 또 많은 것을 함께 행할 때 행복해지는 것이다.

함께하는 것은 그냥 생기지 않는다. 의식적인 노력이 필요하다. 함께하는 삶을 쌓고 싶으면 의식적으로 함께 계획을 세우고 항상 삶을 나눌 필요가 있다. 날마다 함께 뜻 깊은 순간을 만들 뿐 아니라 함께하는 특별한 시간을 찾아내야 한다.

서로에게 속했다는 의식은 또한 본인에게만 주의를 집중하지 않고 타인들을 위해 함께 일할 때 형성된다. 어느 저자가 말하듯이, "사랑은 서로를 응시하는데 있지 않고 함께 동일한 방향을 바라보는데 있다고 삶이 우리에게 가르쳐주었다."

——— 아 우리의 길을 지켜주는 분이여, 늘 우리와 함께 여행하소서. 우리에게 안전한 여정 뿐 아니라 만족스런 여정도 허락하소서. 우리가 여정을 시작할 때 주님의 사랑스런 손길로 우리를 감싸주소서. 우리가 너무 바빠서 시냇가나 정상(頂上)의 그늘에서 멈추지 못해 주님의 일을 보지 못하는 일이 없게 하소서. 우리의 일만 보지 않게 하소서. 우리가 서로 함께하는 시간, 주님과 함께하는 시간을 갖는 법을 가르쳐주소서. 아멘.

복 있는 결혼은
염려와 기쁨을 함께 나눔으로써
일찍이 염려를 나누는 법과
기쁨을 배가하는 법을 배우는 관계.

복 있는 결혼은
인생의 짐이 질 수 없을 만큼 무겁지 않고
인생의 기쁨을 항상 공유할 수 있다는 것을
알게 되리.

로맨스와 친척

열렬한 젊은이가 아내가 될 여성에게 "나는 당신과 결혼하는 것이지 당신의 가족과 결혼하는 것이 아니다"라고 말했다. 이는 물론 그녀에 대한 예찬이었다. 하지만 그의 미성숙함을 보여주는 것이기도 했다. 진정한 의미에서 우리는 우리 친척을 우리와 함께 데려간다. 그리고 우리는 인척들을 흘끗 보기로 할 수 있고, 사랑하는 이의 가까운 친척들을 기뻐할 수도 있다. 좋은 인척관계는 행복한 가정과 밀접한 관련이 있다.

결혼은 우리를 새로운 가정의 일부로 만든다. 여기서 몇 가지 사항을 언급할까 한다. 첫째, 우리가 우리의 인척들에게 지는 빚을 간과하지 말라. 우리가 서로 관계를 맺는 것은 그들 덕분이다. 따라서 가능한 모든 방법을 동원해 그들에게 감사와 사랑을 표현해야 마땅하다. 인척과의 관계가 어렵다는 얘기를 많이 하지만 대다수는 좋은 관계를 맺고 있다. 출생부터 사랑해왔던 부모가 갑자기 모든 관심을 끊을 수는 없는 노릇이다. 그들의 관심을 귀하게 여겨라. 이제부터 우리는 세 가족에 속하게 된다. 남편의 가족, 아내의 가족, 그리고 우리의 새로운 가족이다.

인척을 볼 때 천편일률적으로 보지 말고 약점과 장점을 모두 지닌

Meditations for the Newly Married

그러므로 남자는 아버지와 어머니를 떠나, 아내와 결합하여 한 몸을 이루는 것이다.
―창세기 2:24

인간들로 생각하라. 우리가 그들에게 대우받고 싶은 대로 우리도 그들에게 결함을 지닐 자유를 허용하라.

둘째, 결혼을 하면 부모와의 관계가 크게 바뀌는 법이다. 우리 가정은 새로운 창조물이다. 따라서 이 가정을 우리가 몸담았던 옛 가정과 닮은꼴로 만들려고 하면 안 된다. 우리의 사랑과 관심의 초점이 바뀌었다. 우리 부모의 가정이 아니라 우리의 새로운 가정이 이제는 애정의 초점이다. 창세기 저자가 말하듯이, 우리가 부모 가정을 떠나야 할 때가 온다.

어떤 이들은 먼 곳으로 떠나지만 아버지와 어머니의 형상을 품고 다닐 수도 있다. 결혼을 하면 우리 배우자가 사랑과 중요성에서 아버지와 어머니보다 앞선다. 서로에 대한 헌신이 부모보다 우선한다.

그렇다고 우리는 더 이상 아들과 딸이 아니란 뜻이 아니다. 또한 우리 부모를 사랑하고 존경하고 공경하기를 그만둔다는 뜻도 아니다. 그뿐만 아니라 아버지와 어머니를 우리의 삶에서 무시하거나 완전히 배제시켜도 좋다는 뜻도 아니다. 오히려 어떤 경우에도 우리는 맨 먼저 서로에게 충성을 다해야 한다는 뜻이다. 이처럼 결혼은 사랑과 충성을 개조할 것을 요구한다.

　자식이 결혼할 때는 부모가 부모 신분의 목적이 끝났다는 것을 깨달아야 한다. 때때로 부모 또는 젊은이들이 풀어주는 것을 어렵게 느낀다. 그러나 결혼은 우리가 남편과 아내로서 우리의 문제를 해결한다는 것을 의미하고, 이것은 가정을 세우는 복된 경험이 될 수 있다.

　고대에는 딸이 결혼할 때 부모가 혼인 지참금을 제공했다. 그 목적은 신혼부부가 가정을 세우는데 필요한 자원을 갖게 하려는 것이었다.

　한 커플이 부모의 지붕 아래 사는 것은 슬픈 일이다. "어느 집도 두 가족이 살 만큼 크지 않다"는 옛 잠언은 특히 결혼한 자녀들이 부모와 함께 살거나 같은 집에 사는 문제를 가리키는 것이다. [부모를] 떠나서 [아내와] 결합하는 것을 거론하는 성경도 그런 곤란한 문제를 언급하는 듯하다. 모든 결혼은 하나같이 그 자체의 가정을 가질 권리가 있다.

　끝으로 몇 마디를 더해야겠다. 당신의 파트너를 당신의 부모와 비교하지 말라. "우리 아버지는 이렇게 말씀하셨다"거나 "우리 어머니는 이런 식으로 하셨다"는 말은 불화와 불행과 비극에 이르는 지름길이다. 서로를 있는 그대로 받아주고, 어떤 점이든지 당신 부모의 복사판을 요구하지 말라.

　절대로 인척을 무기로 이용하지 말라. "당신은 당신 엄마를 쏙 빼닮았어." 말다툼을 할 때 자주 내뱉는 이 말은 위험천만한 표현이고 무척 파괴적이다.

　양가 부모에 대해 올바른 태도를 취하면 참 기쁨과 행복이 따라온다. 부모가 "우리는 딸을 잃지 않았어. 우리는 한 아들을 얻었다"고 말

Meditations for the Newly Married

할 수 있고, 신혼부부가 진실한 마음으로 "우리는 이제 두 어머니와 두 아버지가 계시다고 느낀다"고 말할 수 있다면, 든든한 유대가 맺어지고 장벽이 무너졌다고 할 수 있다. 이런 태도를 취하면 거북한 인척이 사랑하는 인척으로 바뀌게 되리라.

——— 아 하늘에 계신 어버이여, 우리를 낳으셨고 우리의 삶을 세우는데 그토록 수고하신 분들로 인해 오늘 주님께 감사드립니다. 우리가 모든 관계를 맺을 때 부모에게 합당한 존경과 사랑을 보여주도록 지도해주소서. 우리가 이제 최우선적으로 또 영원히 서로에게 사랑의 언약을 맺었사오니 우선적인 충성의 교훈을 배우도록 도와주소서. 아멘.

해질녘에
나는 당신의 사랑이 주는 고요함이 너무나 필요하오
이날의 시끄러운 싸움 뒤에
나는 다른 무엇보다도 당신의 평온함이 필요하오
삶의 스트레스를 받은 후에

나는 당신의 가슴 속에 있는 안식처를 갈망하오
모든 수고를 다한 뒤에
나는 당신의 천상의 눈에서 나오는 별빛이 필요하오
이날의 큰 태양을 본 후에.
-찰스 한슨 타운

제26일

재정 문제

마태복음 6:24-34를 읽으라.

"아무도 두 주인을 섬기지 못한다. 한쪽을 미워하고 다른 쪽을 사랑하거나, 한쪽을 중히 여기고 다른 쪽을 업신여길 것이다. 너희는 하나님과 재물을 아울러 섬길 수 없다. 그러므로 내가 너희에게 말한다. 목숨을 부지하려고 무엇을 먹을까 또는 무엇을 마실까 걱정하지 말고, 몸을 감싸려고 무엇을 입을까 걱정하지 말아라. 목숨이 음식보다 소중하지 아니하냐? 몸이 옷보다 소중하지 아니하냐? 공중의 새를 보아라. 씨를 뿌리지도 않고, 거두지도 않고, 곳간에 모아들이지도 않으나, 너희의 하늘 아버지께서 그것들을 먹이신다. 너희는 새보다 귀하지 아니하냐?

너희 가운데서 누가, 걱정을 해서, 자기 수명을 한 순간인들 늘일 수 있느냐? 어찌하여 너희는 옷 걱정을 하느냐? 들의 백합화가 어떻게 자라는가 살펴보아라. 수고도 하지 않고, 길쌈도 하지 않는다. 그러나 내가 너희에게 말한다. 온갖 영화로 차려 입은 솔로몬도 이 꽃 하나와 같이 잘 입지는 못하였다. 오늘 있다가 내일 아궁이에 들어갈 들풀도 하나님께서 이와 같이 입히시거든, 하물며 너허위와 거짓말을 저에게서 멀리하여 주시고, 저를 가난하게도 부유하게도 하지 마시고, 오직 저에게 필요한 양식만을 주십시오. 제가 배가 불러서, 주님을 부인하면서 '주가 누구냐'고 말하지 않게 하시고, 제가 가난해서, 도둑질을 하거나 하나님의 이름을 욕되게 하거나, 하지 않도록 하여 주십시오. -잠언 30:8-9

희들을 입히시지 않겠느냐? 믿음이 적은 사람들아, 그러므로 무엇을 먹을까, 무엇을 마실까, 무엇을 입을까, 하고 걱정하지 말아라. 이 모든 것은 모두 이방사람들이 구하는 것이요, 너희의 하늘 아버지께서는, 이 모든 것이 너희에게 필요하다는 것을 아신다.
너희는 먼저 하나님의 나라와 하나님의 의를 구하여라. 그리하면 이 모든 것을 너희에게 더하여 주실 것이다. 그러므로 내일 일을 걱정하지 말아라. 내일 걱정은 내일이 맡아서 할 것이다. 한 날의 괴로움은 그 날에 겪는 것으로 족하다."

솔로몬의 기도는 인간 본성에 대한 예리한 이해를 보여준다. 그런 기도를 드리는 것은 자연스럽지 않다. 우리는 때때로 재물이 모든 것을 해결해주리라고 생각한다. 그러나 외적인 요인들은 행복의 토대가 아니다. 너무 많아도 문제이고 너무 적어도 문제이다. 하지만 오늘날에는 소득보다 그릇된 관리가 더 큰 문제이다.
이제까지 수행된 연구에 따르면, 사람들이 소유한 재산과 결혼생활의 행복 사이에는 상관관계가 별로 없다. 부부 행복의 질은 소득의 규모와 관련이 없다. 갤럽 여론조사에 의하면, 부자와 가난한 자 모두 소득이 10퍼센트 증가하면 재정적인 염려가 해결될 것으로 믿는다고 한다.

그런즉 안전하게 느끼거나 중압감을 느끼는 것은 소득액이 아니라 태도 때문이다. 믿음, 자기절제, 정직성, 고결성과 같은 미덕들이 돈보다 행복한 가정 만들기와 더 관계가 있다.

그래도 돈은 중요하다. 돈과 물질은 모두 필요하다. 그리고 결혼한 커플은 재정을, 그들을 더 가깝게 또는 더 멀어지게 만들 수 있는 중요한 요인으로 생각할지 모른다. 남편과 아내는 돈의 사용을 통해 그들의 사랑이나 이기심을 나타낼 수 있다. 일상에서 돈을 사용할 때 서로를 위해 희생한다면, 그것은 사랑을 보여주는 기회가 될 수 있다.

가족은 차이점이 아니라 애정을 기반으로 시작된다. 그런데 결혼 후에 돈과 물질이 서로에 대한 배려보다 우위를 차지하는 경우가 종종 있다. 좋은 집, 상당한 소득, 안락함, 또는 안전보장이 부부의 조화를 깨뜨리고 두통과 역경을 초래할 수 있다. 처음부터, 더 비싼 집으로 이사하거나 더 많은 봉급을 받는다고 해서 행복이 더 커지는 것은 아님을 명심하라.

커플에게는 지나친 부채가 가장 흔한 재정적 어려움이다. 손쉬운 신용카드 때문에 문제가 발생하기도 한다. 감정적 욕구가 채워지지 않은 사람들이 본인이 감당할 수 없는 물건을 사려고 신용카드를 쓸 가능성이 더 높다.

소득에 걸맞지 않은 비현실적 기준이 특히 위험하다. 남편이나 아내의 야간 부업은 종종 문제를 해결하기보다 심화시킨다.

많은 신혼부부의 문제는 즉각적인 만족을 얻고 싶은 욕망이다. 젊은 커플은 사회적 압력을 받아 자동차, 집, 값비싼 가구, 또는 취미용 장비를 구입하기 위해 과도한 부채를 떠안을 수 있다.

연구조사에 따르면, 불안정한 사람들이 값비싼 신제품을 구입해서 안정과 용납을 추구한다고 한다. 그래서 빚더미에 앉게 되어 결혼생활이 위태롭게 되는 것이다.

그러므로 이기적으로 돈을 쫓다보면 돈이 살 수 없는 많은 것을 잃을 수 있다. 돈은 사랑을 살 수 없다. 돈이 부드러운 애정을 대체할 수 없다. 신용이나 정절도 가져올 수 없다. 가난이든 풍요이든 감사하며 공유하는 법을 배우는 남편과 아내는 행복하다.

그렇다, 솔로몬 왕의 기도는 참으로 좋은 기도이다. 하나님, 너무 적게 허락하지 마시고 너무 많게도 허락하지 마옵소서. 우리에게 가장 알맞은 만큼 허락하옵소서. 우리 모두 하나님이 모든 것을 주시는 분이고 만물의 주님임을 항상 인정하자.

———— 아 창조주이자 공급자이신 하나님, 우리에게 물질적인 복을 주셔서 감사합니다. 세상적인 욕망에 우리의 눈이 멀어지지 않게 해주소서. 우리가 당신의 길잡이 별들과 보이지 않는 영원한 것들의 가치를 보게 도와주소서. 지나가는 것들을 먼저 신뢰하고 시간을 초월하는 것들을 잊어버리는 가련한 가난에서 우리를 날마다 건져주소서. 주님은 앞에 놓인 모든 길을 아십니다. 우리에게 그 길을 비추는 빛을 주실 뿐만 아니라 그 빛이 인도하는 대로 따라가는 그런 헌신도 주옵소서. 아멘.

충실한 청지기

고린도후서 9장을 읽으라.

유대에 있는 성도들을 돕는 일을 두고, 나는 더 이상 여러분에게 글을 써 보낼 필요가 없습니다. 여러분의 열성을 내가 알고 있기 때문입니다. 나는 마케도니아 사람들에게 "아가야에서는 지난 해부터 준비가 되어 있다" 하고 자랑하고 있습니다. 여러분의 열성을 듣고서, 많은 사람이 분발하였습니다. 내가 이 형제들을 보낸 것은, 우리가 이 일로 여러분을 자랑한 것이 헛된 말이 되지 않게 하려는 것이고, 내가 말한 대로 여러분이 준비하고 있게 하려는 것입니다. 혹시 마케도니아 사람들이 나와 함께 그리로 가서, 여러분이 준비하고 있지 않은 것을 보게 되면, 여러분은 말할 것도 없고, 우리가 이런 확신을 가진 것 때문에 부끄러움을 당하지 않을까 하고 염려합니다. 그러므로 나는 그 형제들에게 청하여, 나보다 먼저 여러분에게로 가서, 여러분이 전에 약속한 선물을 준비해 놓게 하는 것이 필요하다고 생각하였습니다. 이렇게 해서 이 선물은, 마지못해서 낸 것이 아니라 기쁜 마음으로 마련한 것이 됩니다. 요점은 이러합니다. 적게 심는 사람은 적게 거두고, 많이 심는 사람

Meditations for the Newly Married

재산이 차고 넘치더라도, 사람의 생명은 거기에 달려 있지 않다. ―누가복음 12:15

은 많이 거둡니다. 각자 마음에 정한 대로 해야 하고, 아까워하면서 내거나, 마지못해서 하는 일은 없어야 합니다. 하나님께서는 기쁜 마음으로 내는 사람을 사랑하십니다. 하나님께서는 여러분에게 온갖 은혜가 넘치게 하실 수 있습니다. 그러하므로 여러분은 모든 일에 언제나, 쓸 것을 넉넉하게 가지게 되어서, 온갖 선한 일을 얼마든지 할 수 있습니다. 이것은 성경에 기록한 바 "그가 가난한 사람들에게 아낌없이 뿌려 주셨으니, 그의 의가 영원히 있다" 한 것과 같습니다. 심는 사람에게 심을 씨와 먹을 양식을 공급하여 주시는 하나님께서, 여러분에게도 씨를 마련하여 주시고, 그것을 여러 갑절로 늘려 주시고, 여러분의 의의 열매를 증가시켜 주실 것입니다. 하나님께서 여러분을 모든 일에 부요하게 하시므로, 여러분이 후하게 헌금을 하게 될 것입니다. 우리가 여러분의 헌금을 전달하면, 많은 사람이 하나님께 감사를 드리게 될 것입니다. 여러분이 수행하는 이 봉사의 일은 성도들의 궁핍을 채워줄 뿐만 아니라, 많은 사람들로 하여금, 하나님께 감사를 넘치게 드리게 할 것입니다. 여러분의 이 봉사의 결과로, 그들은 하나님께 영광을 돌릴 것입니다. 그것은 여러분이 하나님께 순종하여, 그리스도의 복음을 고백하고, 또 그들과 모든 다른 사람에게 너그럽게 도움을 보낸다는 사실이 입증되었기 때문입니다. 그들은 또한 여러분에게 주신 하나님의 넘치는 은혜 때문에 여러분을 그리워하면서, 여러분을 두고 기도할 것입니다. 말로 다 형언할 수 없는 선물을 주시는 하나님께 감사합니다.

하나님은 우리가 사물 자체는 행복에 도움이 안 된다는 것을 알기 원하신다. 결혼식 날 우리는 서로에게서 사랑과 행복을 찾기를 기대한다. 그렇다면 결혼생활을 할 때 사물에서 만족감을 찾으려고 미친 듯이 설쳐서는 안 된다.

하지만 어느 부부든지 재정은 현실적 문제이고 때로는 스트레스를 유발한다. 그럼에도 기독교적 청지기직의 개념은 삶의 모든 영역을 올바른 관점에서 조명한다. 돈은 감히 주인 행세를 하면 안 되고 종이 되어야 한다. 하나님은 우리가 모든 소유물의 충실한 청지기가 되기를 원하신다. 따라서 우리가 부주의해서는 안 된다. 더 나아가, 좋은 청지기가 되려면 남편과 아내 모두 자기부인과 희생이 반드시 필요하다.

결혼 초기에 좋은 청지기가 된다는 것이 무엇인지 신중히 생각할 필요가 있다. 소유물을 부주의하게 취급하면 결혼생활에 긴장을 초래할 수 있다. 여기서 유익한 몇 가지 지침을 제시할까 한다.

1. 그대들의 정확한 소득을 파악하라. "가능성이 있는 수입", 예측되는 인상액, 또는 연말에 받을지 모르는 보너스는 포함하지 말라.

Meditations for the Newly Married

2. 그대들의 비용을 열거하라. 주택, 음식, 자동차, 의복 등에 들어가는 모든 가계비용을 낱낱이 기록하라. 여기에 정규적인 저축 계획도 포함시키라. 정기적으로 약간의 저축금을 챙겨두라. 많은 젊은 부부는 매달 빠듯하게 살아가면서 언젠가 대박이 터져 집 한 채를 소유하게 될 것을 막연히 바란다. 그런 일은 참으로 드물다.

3. 정기적인 헌금 계획도 포함시키라. 성경은 크리스천에게 즐겁게 또 정기적으로 헌금하라고 요구한다. 사실은 이 돈을 먼저 제쳐놓고 소득의 십일조부터 시작하라. 이것이 결혼생활을 막 시작하는 젊은 커플에게는 어렵게 보일 수 있다. 그러나 이는 가정의 영적인 분위기에 막대한 영향을 미친다.

4. 둘이 함께 예산을 짜라. 지갑을 공유하는 일이 가장 중요한 사안이다. 안정적인 소득이 모든 재정 문제를 해결하는 것은 아니다. 비결은 부부가 서로의 유익을 위해 협력하는 것이다. 예산보다도 더 나은 것은 어떤 물건들을 구입할지 함께 의논하는 일이다.

필수적인 규칙은 남편과 아내가 합의하기 전에는 중요한 물건을 일체 구입하지 않는 것이다. 충동구매를 피하라. 대체로 내일까지 기다렸다 살 수 없는 물건은 오늘 구입할 만한 가치가 없다. 지금은 필요 없으나 장래에 사고 싶은 것들이 있다면 그 목록을 만들어라.

5. 가능하면 할부로 구입하고 싶은 유혹을 뿌리쳐라. 청구서가 쌓이면 곤경과 스트레스도 쌓이기 마련이다. 정직한 사람은 자기가 감당할 수 없는 사치품을 요구하지 않는다. 그런 것을 요구하면 번민이 생기기 때문이다.

6. 끝으로, 그대들의 부모가 현재 몸담은 수준에서 시작할 것으로

밑줄 기대하지 말라. 최근 연구에 따르면, 젊은 커플들이 결혼만 하면 부모가 오랫동안 습득한 대다수의 기구를 금방 갖추게 될 것으로 생각한다고 한다. 일부는 모든 가구를 새 것으로 장만해야 한다고 생각한다. 그러나 물건을 구입하기 위해 저축을 날려버리는 것은 현명하지 않다.

취향이 굳어지려면 시간이 걸린다. 어떤 인테리어 디자이너들은 젊은 커플에게 값비싼 가구는 결혼 후 4-5년 내에 사지 말라고 충고한다. 구입하기 전에 실험과 탐구를 하라.

결혼생활에서 가장 행복한 시기는 재정적으로 잘 해내기 위해 힘을 합쳐야 할 때이다. 그리고 "서로 사랑하며 채소를 먹고 사는 것이, 서로 미워하며 기름진 쇠고기를 먹고 사는 것보다 낫다"(잠언 15:17).

―――― 아 주 하나님이여, 모든 복이 주님으로부터 온다는 것을 인정합니다. 우리가 소유한 세상의 것들을 가볍게 다루고 항상 영원한 것에 비추어 올바른 관점에서 보게 도와주소서. 우리가 참된 가치관을 정립하게 해주소서. 우리가 지나가는 것과 영원한 것을 올바로 분별하고 또 기뻐하게 되기를 바랍니다. 아멘.

남편과 아내를 위한 서약

우리는 남편과 아내로서 사랑과 동반자관계를 위해 시간을 내겠습니다. 우리는 서로에 대한 감사의 말과 행동으로 사랑의 불길

Meditations for the Newly Married

에 계속 연료를 붓겠습니다. 오해가 있을 때는 금방 용서하고 용서를 빌겠습니다. 우리는 아무도 우리 사이에 끼어들지 못하게 하겠습니다.

우리는 돈에 대해 건전한 태도를 취하고 재정 문제를 함께 결정하겠습니다. 우리는 일에 대해 성숙한 자세를 취하고 각자 집안 살림을 적당하게 분담하겠습니다.

우리는 건전한 레크리에이션과 새로운 경험을 위해 시간을 내겠습니다. 우리는 유머 감각을 유지하고 스스로를 비웃는 법까지 배우겠습니다.

우리는 짜증, 염려, 바가지 긁기, 질투 등 가정을 파괴하는, 자기 사랑의 온갖 습관을 피하겠습니다. 우리는 모든 역경을 하나님과 서로에 대한 믿음으로 직면하겠습니다.

만일 하나님이 우리에게 자녀들을 맡기신다면, 우리는 그들을 환영하고, 그들을 사랑하고, 그들에게 좋은 보살핌과 훈련을 제공하겠습니다.

우리는 그리스도께 우리 마음과 우리 가정 속에 합당한 자리를 드리고, 잦은 성경읽기와 기도로 그분과 사이좋게 지내겠습니다. 우리는 가족으로서 교회의 충실한 멤버가 되어 정기적으로 예배에 참석하고 타인을 위한 교회 사역에 동참하겠습니다.

우리 가정은 하나님의 도우심을 받아 교회와 지역사회와 세계에 부채가 되지 않고 자산이 되겠습니다.

-롯 스톨츠푸스

제28일

끊임없는 의사소통

한 결혼상담사가 "행복한 결혼의 가장 본질적 특징이 무엇입니까?"라는 질문을 받았다. "사랑 다음에는 서로에게 무엇이든 완전히, 자유롭게, 솔직하게 털어놓을 수 있는 것입니다." 그의 대답이었다.

의사소통은 모든 성공적인 결혼의 핵심이다. 우리가 서로의 말을 경청하지 못하고 서로에게 얘기하지 못하면 큰 곤경에 봉착하게 된다. 그러므로 의사소통을 특별히 중요하게 여기라. 감정과 생각을 숨기고픈 욕구를 극복하고, 기쁨과 실망을 솔직하게 나누고, 바람과 오해에 대해 얘기하라.

결혼 당사자들은 각자 결혼생활에 대한 그 나름의 이상형을 갖고 있다. 많은 문제는 그 이상형들이 부딪힐 때 발생한다. 조화와 하나됨은 솔직하게 얘기할 때만 이룰 수 있다.

> 막대기와 돌은 뼈에 고통을 준다.
> 분노를 품은 말은
> 가시처럼 찌를 수 있다.
> 그러나 침묵은 마음을 아프게 한다. (필리스 맥긴리)

Meditations for the Newly Married

집은 지혜로 지어지고, 명철로 튼튼해진다. —잠언 24:3
모든 일에는 다 때가 있다.. 말하지 않을 때가 있고, 말할 때가 있다. —창세기 2:18, 22

    사랑은 속에서 끓는 작은 문제들보다 겉에 드러난 큰 문제들을 더 잘 견딘다는 점을 기억하라. 위험한 것은 속에 꽁꽁 얼어붙은 침묵이다.
    가장 행복한 결혼은 부부 모두 내면의 깊은 생각을 나눌 만큼 용감하고 정직한 경우이다. 큰 말다툼 없이 이슈에 관해 얘기할 수 있는 능력은 성숙해가는 결혼관계의 특징이다.
    대다수의 문제는 분명하고 침착하고 차분한 접근을 취하면 짧은 시간에 해결책을 찾을 수 있다. 토론을 할 때 머리보다 혀를 더 많이 사용하면 어려움이 생긴다. 부루퉁한 모습은 결혼관계의 진액을 빨아먹는 감정적인 독이다. 가장 잔인한 태도의 하나는 배우자를 그냥 무시하거나 상대방에게 말하길 거부하는 것이다.
    둘이 함께 생각하는 것이 비슷하게 생각하는 것보다 더 중요하다. 그리고 골치 아픈 문제에 관해 함께 얘기하는 것은 서로에 대한 참 사랑이 있다는 증거이다. 의사소통이 곧 사랑의 실천이다.
    의사소통은 하나의 예술이다. 배워야 할 예술이다. 저절로 생기지 않는다. 의사소통을 방해하는 것은 상대방의 반응-생각, 말 또는 행동-에 대한 겁, 수줍음, 또는 두려움이다.
    의사소통을 하려면 상호 신뢰가 필요하다. 내면의 생각과 감정과 경험을 얘기하려면 다음 세 가지 조건이 갖춰져야 한다. 비밀을 안전하게 주고받을 수 있다는 확신, 나누는 내용이 조롱이나 오해를 받지 않을 것이란 믿음, 말하는 내용이 진지하게 다뤄질 것이란 신념이다.

성경에 이런 놀라운 말씀이 있다.

"화를 내더라도, 죄를 짓는 데까지 이르지 않도록 하십시오. 해가 지도록 노여움을 품고 있지 마십시오. 악마에게 틈을 주지 마십시오"(에베소서 4:26-27). 절대로 화난 상태로 잠자리에 들지 말라. 집집마다 안고 있는 심각한 문제들을 논의하기는 어렵지만, 이것이 튼튼한 결혼생활을 영위하는데 필요한 특효약이다.

의사소통을 한다는 것은 우리 자신을 잊어버린 채 상대방의 말을 경청하고 그의 관점을 이해하려고 애쓴다는 뜻이다. 공동관심사에 관해 얘기하면 마음이 하나로 모이고, 하늘의 것에 관해 의논하면 영혼이 하나로 모인다. 사랑은 스스로를 부인하지 않을 것인즉 나눔으로 이어진다.

의사소통을 한다는 것은 실수와 분노와 오해뿐만 아니라 돈과 두려움, 바람과 동기, 성적 느낌과 반응에 관해서도 정직하게 나눈다는 뜻이다.

결혼은 유보 조항을 붙일 여지를 남기지 않는다. 서로에게 마음을 계속 열어라. 자유로이 생각을 나누라. 서로에게 몸을 완전히 내어주고, 경외하는 자세로 서로에게 영혼을 공개하라.

―― 하늘에 계신 우리 아버지여, 우리가 마음을 당신께 연 것처럼 서로에게도 마음을 열게 해주소서. 절대로 우리의 삶에서 떠나

지 마소서. 오히려 당신의 사랑을 우리 속에 확대시켜 어려운 사람을 다 포용하고, 우리를 다듬어서 모든 자기사랑과 질투와 자만이 쫓겨나게 하소서. 우리에게 사랑의 마음에서 나오는 진실한 말, 당신의 마음에 들고 타인에게 유익한 그런 말을 할 능력을 허락하소서. 아멘.

결혼에서 마음의 하나됨이 몸의 하나됨보다 더 위대하리라.
-에라스무스

복 있는 결혼은
내면의 끈으로 묶인 사이
잠시 몸은 떨어져도
마음은 연합된 관계

복 있는 결혼은
홀로 있어도 외롭지 않으리.
그런 결혼은
세상을 만나러 집을 떠날지언정
언제나 곧 되돌아오고픈 심정이니
힘과 용기를 얻기 위해.

일곱 가지 지침

결혼식은 어떤 의미에서 위대한 성경적 이상(理想)의 요약판과 같다. 결혼식마다 약간의 차이는 있어도 보통은 다음 일곱 가지 사항을 포함한다.

 1. <u>상호 존경과 사랑을 소중히 여기라.</u> 이는 날마다 부드러운 돌봄을 주고받는 것이다. 참된 사랑이 있을 때는 떨어지면 불행하고 함께하면 더 없는 행복을 느끼게 된다. 부부사랑은 서로를 흠모하는 것이고, 이 흠모는 우리의 말과 행동에 의해 더욱 자라거나 깊어질 수 있다. 서로 존경심을 품는다는 것은 상대방의 유익을 배려한다는 뜻이다. 이는 서로의 생각과 감정을 이해한다는 뜻이다. 그리고 사랑은 그 속에서 상호 존경이 자라나는 모판과 같다.

 2. <u>서로의 결점과 약점을 참아주라.</u> 누구도 완전하지 않을 것이란 게 솔직한 고백이다. 우리는 서로에게서 싫어하는 속성을 발견하게 되리라. 이런 약점과 결점을 수없이 참게 될 것이다. 상대방의 실패를 계속 비판하거나 그런 면에 초점을 맞추면 문제가 복잡해지고 더 심해질 수 있다. "다투기를 잘하는 아내는 새는 천장에서 떨어지는 물과

무엇이든지 참된 것과, 무엇이든지 경건한 것과, 무엇이든지 옳은 것과, 무엇이든 순결한 것과, 무엇이든 사랑스러운 것과, 무엇이든지 명예로운 것과, 또 덕이 되고 칭찬할 만한 것이면, 이 모든 것을 생각하십시오. —빌립보서 4:8

같다"(잠언 19:13)고 솔로몬이 말한다. 불평하는 남편도 마찬가지다.

3. 질병과 어려움과 슬픔에 빠졌을 때 서로 위로하라. 우리 부부는 결혼식 후에 결혼 서약에서 진술한 책임에 대해 무척 빠르게 배웠다. 첫 두 달이 흐르면서 우리 부부는 각각 다른 시기에 한 주간씩 몸이 아팠다. 먼저 내가 아파서 누워있는 동안 아내가 나를 돌봤다. 다음에는 내가 아내를 돌봐주었다. "아플 때나 건강할 때"라는 어구가 갑자기 현실이 된 것이다.

위로한다는 것은 강건케 하고, 격려하고, 위안을 준다는 뜻이다. 결혼식에서 우리가 매우 현실적이 되는 것이다. 장차 각각 상대방의 위로가 필요할 것이기 때문이다.

4. 서로에게, 그리고 집안에 필요한 것들을 정직하고 부지런하게 공급하라. 현세의 것들에 부주의하면 부부관계에 어려움이 생기기 쉽다. 결혼 초기에 돈의 소비에 대해 의견을 같이하는 부부는 드물다. 그러나 일단 태도가 올바르고 기꺼이 대화할 마음이 있다면, 어느 커플이든 좋은 해결책을 마련할 수 있다.

5. 하나님과 관련된 일에서는 서로를 위해 기도하고 서로 격려하라. 우리는 결혼을 통해 배우자의 영혼을 지키는 자들이 되었다. 아우구스티누스는 결혼의 최종 목적을 이렇게 말했다. "한편이 다른 편을 데리고 하늘로 가기 위해서"라고. 사도 바울은 이렇게 썼다. "아내 된 이여, 그대가 혹시나 그대의 남편을 구원할는지 어찌 압니까? 남편 된 이여, 그대가 혹시나 그대의 아내를 구원할는지 어찌 압니까?"(고린도전서 7:16).

6. 하나님의 은혜를 물려받는 상속자들로 함께 살아라. 하나님은 우리의 결혼을 통해 베푸실 많은 복을 갖고 계시다. 그분의 은혜가 필요하지 않은 때는 한 순간도 없다. 우리는 인내와 용서와 이해를 받기 위해 하나님의 은혜가 필요할 것이다. 가난의 고통을 이겨내게 하는 것, 힘겨운 시기에 붙들어주는 것, 부부 모두 용서를 구하고 찾게 돕는 것은 바로 하나님의 은혜이다.

7. 그대들이 모두 살아있는 한 오직 상대방에만 붙어있으라. 결혼 생활을 할 때 이런 태도와 신뢰성을 기를 필요가 있다. 우리 자신을 다른 사람에게 완전히 맡긴다는 것은 큰 결단이지만 큰 구속력을 지닌 결정이기도 하다. 그리고 우리가 사랑하는 이를 외면하게 하는 모든 생각과 행동은 배반자와 다름없다. 우리가 살아있는 한 맨 먼저 서로를 돌보는 것은 든든한 안정을 준다.

―― 아 하나님이여, 우리의 마음과 가정이 당신의 거처가 될 수

있어서 감사합니다. 우리가 하나님의 뜻을 완전히 성취하기 위해 서로 손잡게 하소서. 우리가 먼저는 당신을, 다음으로 배우자를 생각하되 변함없는 사랑으로, 단단한 믿음으로, 한없는 헌신으로 생각하도록 가르쳐주소서. 아멘.

복 있는 가정은
여행객을 위한 안식처요
추운 날씨를 피하는 대피소이며,
손님들이 즐겨 찾는 곳이요
가족들이 가장 좋아하는 장소.

복 있는 가정은
폭풍 속에서 안전을 제공하는
바위 속의 피난처와 같은 곳,
그 속에 거주하는 이들을 지켜주고
그들을 기쁘게 하는
튼튼한 문과 같은 곳.

예배와 지혜

고(故) 앨버트 비버는 『더불어 사는 기술』에서 본인이 결혼 주례를 선 750쌍의 커플에게 설문지를 보냈다고 한다. "당신이 생각하기에, 가정생활에서 당신을 행복하게 만든 최대의 요소는 무엇인가?"라는 질문에 가장 많은 수가 "날마다 가정에서 실천되는 신앙"이라고 응답했다.

우리의 가정은 하나님이 없으면 결코 온전하지 않다. 하나님을 떠나서는 내적인 조화와 외적인 조화가 있을 수 없다. 시편 저자에 따르면, 주님이 우리 가정을 세우지 않으시면 우리의 모든 수고가 헛되다고 한다. 우리가 아무리 노력한들 우리의 속 깊은 소원을 이룰 수 없고 만족스러운 안식도 찾을 수 없다.

우리는 결혼생활을 영위할 때 순간순간마다 주님이 필요하다. 기도하고 예배하는 순간에 길잡이 별들이 하늘에서 가장 뚜렷이 빛나고 우리 믿음의 선율이 가장 아름답게 울려 퍼진다.

> 산들이 생기기 전에, 땅과 세계가 생기기 전에, 영원부터 영원까지, 주님은 하나님이십니다(시편 90:2).

인생은 신성한 위탁물로 우리에게 맡겨진 것이다. 우리가 청지기직

Meditations for the Newly Married

> 주님께서 집을 세우지 아니하시면 집을 세우는 사람의 수고가 헛되며, 주님께서 성을 지키지 아니하시면 파수꾼의 깨어 있음이 헛된 일이다. 일찍 일어나고 늦게 눕는 것, 먹고 살려고 애써 수고하는 모든 일이 헛된 일이다. 진실로 주님께서는, 사랑하시는 사람에게는 그가 잠을 자는 동안에도 복을 주신다. —시편 127:1-2

을 다하려면 하나님의 은혜와 선하심을 인정하는 것을 출발점으로 삼아야 한다. 우리는 그분을 하나님으로 고백한다. 모든 시대의 하나님이 우리와 함께한다고 확신하면 얼마나 행복한지 모른다! 그리고 그분에게 너무 하찮은 문제나 너무 어려운 문제는 없다.

> 아무것도 염려하지 말고, 모든 일을 오직 기도와 간구로 하고, 여러분이 바라는 것을 감사하는 마음으로 하나님께 아뢰십시오. 그리하면 사람의 헤아림을 뛰어 넘는 하나님의 평화가 여러분의 마음과 생각을 그리스도 예수 안에서 지켜 줄 것입니다(빌립보서 4:6-7).

우리의 삶은 창조의 하나님과 연결되어 있다. 우리가 하나님의 돌봄을 믿고 긴장을 풀면 굳이 장래에 대해 두려워할 필요가 없다. 오히려 우리는 기도를 통해 우리의 모든 염려를 그분께 아뢸 수 있다. 이는 일반적인 염려를 말한다. 우리는 또한 간구를 드릴 수 있다. 이는 특별한 문제에 대해 말씀드리는 것이다. 우리는 바라는 것을 아뢸 필요도 있다. 바라는 것이란 날마다 필요한 세세한 것을 말한다. 그리고 하루하루 그분께 감사하는 것을 잊지 말라. 그 무엇보다 감사야말로 하나님과 그의 선물을 분명히 의식하게 만들어준다. 기쁨과 평화는 풍부한 소유보다 찬양으로부터 나온다.

> 그들이 부르기 전에 내가 응답하며, 그들이 말을 마치기도 전에 내가 들어주겠다(이사야서 65:24).

> 주님은, 주님을 부르는 모든 사람에게 가까이 계시고…주님은, 당신을 경외하는 사람의 소원을 이루어 주시고(시편 145:18-19).

우리는 때때로 하나님이 멀리 계신 것처럼 말한다. 그러나 그분은 항상 말하고 들을 수 있는 거리에 계신다. 계속해서 그분을 부르라.

> 주님의 법을 사랑하는 사람에게는 언제나 평안이 깃들고, 그들에게는 아무런 장애물이 없습니다(시편 119:165).

하나님의 뜻을 행하기를 좋아하면 어려운 시기에 우리의 발걸음이 안정을 찾을 것이다. 힘겨운 문제에 부딪힐 때 이는 평화와 능력에 이르는 길이다. 그리고 우리의 인생관은 그리스도를 바라보는 것에 영향을 받는다.

> 사실, 우리에게는 이 땅 위에 영원한 도시가 없고, 우리는 장차 올 도시를 찾고 있습니다(히브리서 13:14).

Meditations for the Newly Married

그대들의 가정을 세울 때 기억할 점이 있다. 하늘이 그대들을 기다리고 있고, 크리스천의 삶에서 하늘이 신선한 이슬처럼 이미 내려오고 있다는 것이다. 그대들의 가정을 하늘의 가정을 미리 맛보는 맛보기로 만들라.

> 죽도록 충성하여라. 그리하면 내가 생명의 면류관을 너에게 주겠다…내 하나님의 도시, 곧 하늘에서 내 하나님께로부터 내려오는 새 예루살렘…(요한계시록 2:10, 3:12).

하나님이 원하시는 것은 명성이나 큰 재산이나 우호적인 환경이 아니라 신실함이다. 인생의 영광은 인내하며 끈질기게 계속 전진하는 능력에 있다. 좋은 출발로는 충분치 않다. 면류관은 크리스천으로 사는 이력이 끝날 때 주어진다. 그래서 그 이력에 모든 것을 쏟을 만한 가치가 있는 것이다. 심지어 목숨까지도.

어떤 집들에는 이런 멋진 기도문이 걸려있다.

> 주님, 우리 집을 그대의 것으로 만드소서
> 그대의 것이 나의 것이 될 때까지.

—— 아 주님, 우리의 목자여, 당신의 끊임없는 돌봄과 함께하심을 의식함으로 매 시간이 거룩하게 되게 하소서. 우리 가정을 당신의 거처, 지성소로 만드셔서 당신의 이름이 영화롭게 되게 하소서. 예수 그리스도의 이름으로 기도합니다. 아멘.

Meditations for the Newly Married